虐待を受けた子どもが住む「心の世界」
養育の難しい里子を抱える里親たち

著
深谷昌志・深谷和子・青葉紘宇

福村出版

[JCOPY]〈出版者著作権管理機構　委託出版物〉

本書の無断複写は著作権法上での例外を除き禁じられています。複写される場合は、そのつど事前に、出版者著作権管理機構（電話 03-3513-6969、FAX 03-3513-6979、e-mail: info@jcopy.or.jp）の許諾を得てください。

まえがき

　この書を手に取ってくださった方々に、私たちがまずご覧いただきたいのは、里子たちの心の世界の様相を記述した3章と4章である。

　この書は、あとがきにもふれるように、平成23（2011）年度に厚生労働省から科学研究費を交付されて、仲間たちと全国里親アンケート調査を行った結果をもとに書き下ろしされた。アンケート調査の多くは、通常、量的処理を念頭に置いた選択肢付きの質問項目から成っている。その中に、私たちは、「はい、いいえ」や、いくつかの選択肢のマークではなく、自由に書き込みができる小さい自由記述欄を何か所か用意した。里親が里子養育の日々に、里子に何を感じ取ったかについて自由に記述するスペースを設けて、その小さいスペースゆえに、凝縮された思いで、里子の姿が書き込まれることを期待したのであった。

　実は私と夫・昌志は、数年前まで里親里子問題にはほとんど不案内だった。しかし科学研究費を申請する際に「調査のできるメンバーがほしいから」という理由で仲間たちから誘われて、この世界に飛び込むことになった。

　的確に問題を捉える調査をするためには、まず何よりも対象を知らなければならない。平成23年度は、共著者の青葉紘宇さん（東京都里親会）の手配で、北海道から沖縄まで、さまざまな里親たちに面接調査を繰り返した。翌年も、その翌年も、そのまた翌年も。その中で、しばしば里子の育てにくさに戸惑っている里親の姿にも接することとなった。その育てにくさの背景には、実親から虐待を受けた、またはさまざまな事情で（生別にせよ死別にせよ）実親の養育から切り離された里子たちに「常ならざる」心の世界があるからではなかろうか。西洋の人々は知らないが、少なくともわれわれ日本人

にとって、実親に慈しまれた日々の思い出は、生涯の心の「守り」（心理臨床の世界で使われる語）である。その心の「守り」をもたずに、世の荒海に投げ出される里子たち。その寄る辺のない里子たちを、引き取って、懸命に育てようとしている里親たち。

2016年9月24日、朝日新聞の夕刊トップには次のような記事が載った。

　敗戦が迫る1945年4月。太平洋戦争の戦地、マーシャル諸島で、1人の日本人が絶命した。海軍1等兵曹佐藤富五郎さん（享年39）。東京市電気局（現東京都交通局）のバス運転手で、43年春に出征した。真っ青な海と空に囲まれた島で食糧を増産する中、（戦況は悪化し）米軍の攻撃にさらされ続け、食糧補給は途絶えて、餓死者が続出した。
　父親が死の前日まで手帳とノートにつけていた日記は、戦後、生きて帰った戦友から遺族に郵送された。

　「孝子、信子、勉、赤チャンモ、父親ニ尽ス親孝行ハ、皆ンナデ母親ニ孝行ヲックシテ下サイ。父ノ分マデモ。ソシテ家内仲良ク兄、弟、姉、妹、仲良ク、暮ラシテ下サイ。元気ニ、ホガラカニ、オイシイモノデモタベテ　クラシテクダサイ」そして父親は、最後に「全ク動ケズ　苦シム　日記書ケナイ　最期カナ」と書いて死んだ。
　長男勉さん（75）は、中学生の時から、つらい時や悩んだ時に、仏壇から日記を取り出しては「まじめに頑張ろうと、自分を奮い立たせた」と。

親は、人の心の中で生涯の「守り」となり、人を支え続ける。しかし不幸にしてそうした親に恵まれなかった子（親から虐待を受けた子）は、心に「守り」のないまま、寄る辺のない世界で生きていかなければならない。その心の荒野が、ここに収録した里親による自由記述の中から浮かび上がる。そうした心の世界に近づき、その気持ちを理解することで、里子養育の一歩は踏み出されるのではなかろうか。

通常、人の心理世界は、臨床心理士が専門的な心理臨床技法（カウンセリングや、ロールシャッハ、TAT、バウムテスト、箱庭その他）の中で明らかにしようとする。しかし、志願して里親になり、24時間里子に寄り添い続ける里親の目に映る里子の姿は、どんな臨床心理士よりも、的確に里子の「心理世界」を捉えているのではなかろうか。それができたとき、里親と里子の間に揺るぎない「心の絆」が生まれ、里子は失われた「守り」を、この世界で見出すのではなかろうか。

　むろん3章・4章以外でも、われわれはさまざまな角度から、里親と里子の心のリアルに迫ろうとした。この書を通して、里親里子問題の理解に多少でも光が差すことを念じている。

2016年9月吉日

深谷　和子

目次

虐待を受けた子どもが住む「心の世界」——養育の難しい里子を抱える里親たち

まえがき　3

序章　イントロダクション
　　——子ども虐待とそれをする親たち●深谷昌志・深谷和子 ……………… 15

1. 子ども虐待の件数の増加　16
2. 虐待されやすい子——発達に偏りのある子どもの存在　20
　1 発達の偏り（発達障害）をめぐって　20
　2 子ども虐待の専門外来の資料から　22
　3 発達に偏りをもつ子の出現率——文科省調査から　23
　4 「育てるのが難しい子ども」の増加　24
　　(1) さまざまなダメージの下で　24
　　(2) 安心と安全な場での成長　26
3. 子どもを虐待する親たちの背景——子育てにつまずく人々　26
　1 家族サイズの縮小
　　——周囲に人の目とかかわる人のいない環境での育児　27
　2 「親性（おやせい）」（養育性）の乏しい（母）親　27
　3 自分自身が抱える問題で精一杯の（母）親　28
　4 各種の障害や著しい文化的偏りをもつ（母）親　29
4. 虐待されている子の発見とそれへの対応　29
　1 多くの目による早期の発見と関係者と関係機関の連携・協力　29
　2 「心に寄り添う」支援——虐待された子どもとかかわる際に　30
　　(1) 子どもの（特異な）「心の世界」を知り、それに近づこうとする努力　31
　　(2) 子どもの話を傾聴すること　31

⑶ 傾聴が伝えるメッセージ　32
　　⑷ 子どもの中の「レジリエンス」（立ち直り力）とそれへの期待　33

1章　里親と里子のプロフィール●深谷昌志・深谷和子 ……… 37

　1．全国里親アンケート調査の概要　38
　2．里親という名の人々　38
　　① 委託開始年齢と家族構成　39
　　② 里親の養育歴　40
　　③ 里親を志願した動機　41
　　④ 里子を育てる難しさ　42
　　⑤ 養育返上を考えたこと　44
　3．里子とはどんな子か（抽出児＝Aちゃん）　45
　　① 年齢と学校段階　45
　　② それまで里子のいた環境　45
　　③ 学校適応　46
　　④ 虐待の有無　47
　　⑤ 対人関係を築く力とその発達の偏り　48
　　　⑴ 言葉の発達や学習のつまずき（学習障害：LD傾向）　49
　　　⑵ 人間関係の不器用さ　50
　　　⑶ 人の心に鈍感な子ども（「相手の気持ちを察する力」の乏しさ）　51
　　　⑷ 行動の不安定性（独特な行動）　51

2章　里親の養育困難の日々
　　　——里親の疲労、虐待の跡と発達障害●深谷和子 ……… 53

　1．養育の難しい里子を抱えた里親の
　　　　　　　　精神的・身体的疲労（ワークストレス）　54
　2．里子の中にある問題と養育困難　57
　　① 虐待と養育困難　57

2 学業成績と養育困難　58
　　3 LDに近い傾向と養育困難　58
　　4「人間関係の不器用さ」と養育困難　59
　　5「人の気持ちへの鈍感さ」と養育困難　60
　　6「不安定性」（やや大きな性格の偏り）と養育困難　63

3. 養育困難と里子のそれまでの環境　67

3章　戸惑う里子たち
　　――里親の家に来たときの子どもの姿●深谷和子 ……………… 73

はじめに　74
　　1 里子文化の違い　74
　　2 ミオよ　わたしのミオ　75
　　3 里子の「内的な世界」への接近　76

1. 戸惑いの中にいる里子の姿――21件の事例から　76
　　1 退行（赤ちゃん返り）――乳を探る、赤ちゃん言葉を使う、
　　　「だっこ」をせがむ、わがままにふるまう　77
　　2 探索と反発（試し行動）――いらだち、暴れる、反抗　81

2. 里親が「ふつうの子には考えられない」とした里子の行動
　　　　――81件の事例から　84
　　（1）被虐待児の行動の特異性――マーティンとビーズリーによる　84
　　（2）里子との相性を考える　85
　　（3）以下の事例の解説　87
　　1 デタッチメント　90
　　　（1）知らない人について行く、1人で遠出する　90
　　2 生活体験の欠損　92
　　　（1）常識が身についていない　92
　　　（2）危険なことがわからない　94
　　3 反抗・暴力・混乱　95

(1) 里親への反抗、しつけを受け入れない　95
　　(2) キレる、パニックを起こす　97
　　(3) 暴力・暴言　98
　4 非行・不道徳　100
　　(1) 非行・不道徳　100
　　(2) 性的行動　101
　5 不連続・不安定・ムラ　102
　6 心を閉ざす・独り言・固まる・別世界に入る　104
　7 ルーズ・無気力・自立性のなさ　107
　8 まとめ　108

4章　虐待を受けた子が住む「心の世界」
——里親が子どもの上に見た虐待の影●深谷和子　111

1. 子どもの「心の世界」に接近することの難しさ　112
2. アンケート項目の解説　113
　　1 マーク等の解説　114
3. 里子が住む心の世界——102件の事例から　117
　1 里子を包む「不安と恐怖」——現実の脅威、記憶の中の脅威　117
　　(1) 実親は怖い、実親は嫌い　117
　　(2) 恐怖の再現、トラウマ、脅威　119
　　(3) 人は怖い（里親も）、人を避ける（里親も）、周囲を警戒する　122
　　(4) 再度、置き去りにされる不安（「見捨てられ不安」）　126
　　(5) 不安な睡眠、夜泣き、1人で寝られない、やたらに泣く　127
　2 不安から逃れるために——外に向かっての攻撃、
　　スキンシップを求める、自分を閉ざして内にこもる　129
　　(1) 攻撃と爆発　129
　　(2) スキンシップを求める、里親から離れない　131
　　(3) 心を閉ざす、話さない、自己抑制（感じない、泣かない）、石になる　133
　　(4) 鍵を閉める、防備する、閉所に入る、退行する、キャラの世界に入る　136

3 心の裡と欲求——いらだち、羨望、助けてほしい、死にたい　137
　(1) 漠然としたいらだち　138
　(2) 何でもいいからほしい、独り占めしたい　140
　(3) 幸せな子への嫉妬　142
　(4) 可哀そうだと思ってほしい、助けてほしい　142
　(5) 死にたい、自己否定　144
4 いつまでも消えない不安　145
　(1) 人に甘えない、甘えることを知らない、助けを求めない　145
　(2) ふれあいや、濃い人間関係を嫌がる　146
　(3) 活力の低下　147
5 「自分は世界から大切に思われていない」——まとめに代えて　148

5章　「心の通じ合い」
——里子の養育を支える要因●深谷和子　151

1. 養育返上を考えた里親　152
2. 気持ちの通じ合いをめぐって　154
3. 里子養育に破綻しかけている人々　156
4. 気持ちの通じ合いを阻むもの　157
5. 「傾聴」による支援　158
　1 『窓ぎわのトットちゃん』から　159
　2 「あなたは大切な人」というメッセージ　160
　3 「関係」の成立　162
6. 養育のつまずきを乗り越えさせるもの　163

6章　養育返上を考える●青葉紘宇　165

1. 行政統計から見た里親子不調　167
　1 児童相談所のデータによる不調　167

②厚労省福祉課データによる不調　170
　2．不調について考える　171
　　①不調の意味　171
　　　(1) 不調はいつでも、どこでも　171
　　　(2) イラつかせるオーラ　172
　　　(3) 不調のもう1つの見方　173
　　②里親子の相性　174
　　③不調への対応　175
　　　(1) 養育返上の理由はさまざま　175
　　　(2) ありのままを受け入れる努力　175
　　　(3) 無理は禁物　176
　3．不調事例から考える　177

7章　児童養護施設職員が望む「子育て支援」
――全国「児童養護施設」調査から指導員の声を拾う●深谷昌志 ……195

　はじめに　196
　1．児童養護施設で働く人たちの状況　196
　　①児童養護施設調査の枠組み　196
　　②施設職員の状況　198
　　③施設の人手不足と過労　199
　2．児童養護施設で働く人々の声　201
　　①扱いの困難な子どもが増えた　201
　　②扱いの難しい子との対応に疲労困憊　203
　　③扱いの難しい子の接し方に求められるもの　204
　　④人材が集まらない　206
　3．子育て支援員制度との関連　208
　　①子育て支援員に望むこと　208

② 子育て支援員に託したいこと　212
　　③ 里親と児童養護施設の協力体制を築く　214

終章　里親をしてよかったか　●深谷昌志・深谷和子・青葉紘宇　217

1. 実親との交流のない里子たち　218
2. 親権か、子どものウエルビーイングか　220
3. 里子との18歳以降の関係　222
4. 週末里親──里子、里親にたくさんのゲストハウスを　225
5. また里子を預かりたいか　226
6. 里親をしてよかった！　227
7. まとめ──里親への「子育て支援」のために　230

あとがき　233

付録資料

1. 第2回全国里親調査：調査票
2. 第2回全国里親調査1：集計表（度数）
3. 第2回全国里親調査2：集計表（構成比）

　　※各資料は下記URLよりダウンロードしてください
　　　http://www.fukumura.co.jp/　→　データのダウンロード
　　　→　『虐待を受けた子どもが住む「心の世界」』◆付録資料

序章

イントロダクション
──子ども虐待とそれをする親たち

深谷昌志・深谷和子

「子ども虐待」は、古くて新しい問題である。例えば、1800年代のロンドンを舞台にしたチャールズ・ディケンズの『オリバー・ツイスト』は、救貧院での子どもの扱いを描いて当時ベストセラーになった小説だが、子どもの虐待は、これまでも多くの小説で取り上げられてきたテーマだった。子どもたちが1度は読んだことのある『シンデレラ』でも、継母による虐待が扱われている。子どもが虐げられ、搾取され、人としての権利を認められずにいた長い歴史の中で、「子ども虐待」は人々の中でありふれた日常であった。

　しかし時代とともに、子どもの基本的な生存権を守るべく世の関心が高まっていく。国連は1989年に「児童の権利に関する条約」を採択し、日本でも1994年に同条約を批准したことはよく知られている。ここには「児童の養育及び発達についての父母の責任と国の援助、監護を受けている間における虐待からの保護、家庭環境を奪われた児童等に対する保護及び援助、養子縁組に際しての保護、相当な生活水準についての権利、教育についての権利、性的搾取、虐待からの保護、また不正使用からの保護」等が盛り込まれている。しかし今もなお、その社会的保護と養護の網の目からこぼれている子どもも、決して少ないとは言えないであろう。

1. 子ども虐待の件数の増加

　親から虐待されて、無残にも死に至った子どもの事件が報じられるたびに、大人たちは胸を突かれる思いがする。虐待件数の統計資料を見ても、全国の児童相談所による児童虐待の相談対応件数は増加の一途をたどり、児童虐待防止法施行前の平成11（1999）年度に比べ、平成26年度は7.6倍に増加したと報じられたばかりである。また虐待死についても、平成28年3月21日の朝日新聞朝刊は、日本小児科学会が「年間約350人の子どもが虐待で亡くなった可能性がある」との統計を初めてまとめた。厚生労働省（以下、厚労省）の集計の3倍から5倍になる。厚労省は自治体の報告をもとに虐待死を集計しているが、同学会は「『虐待死が見逃されている恐れがある』と指摘する」と報じた。

序章　イントロダクション

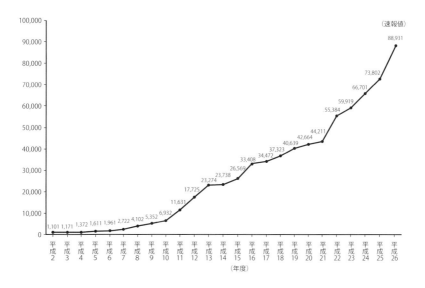

図 0-1　児童虐待相談の対応件数の推移（厚労省）
注：平成22年度は、東日本大震災の影響により福島県を除いて集計した数値

　ただし虐待件数の増加は、虐待件数の単純な増加ではなく、人々がこの問題に関心をもつようになり、近隣の家々や子どもの様子の異変を児童相談所（以下、児相）や警察に通告する件数が増加したことや、面前DV（ドメスティック・バイオレンス）（子どもの目の前で、親による家族へのDV行為が行われ、それを子どもが見ることも「子ども虐待」の範疇に入るという新しい定義）のような、子ども虐待の概念の拡大もあってのことで、単純に、のちにふれるような「親性（おやせい）」の劣化による数字からではないが、いずれにせよ、子ども受難の時代が再来している。
　「子ども虐待」が何を指すかは、内容も複雑で輪郭も曖昧である。体罰をとっても、明治や大正生まれの人々に聞くと、子ども時代に親の言いつけを守らなかったので、一晩家を閉め出されて物置で寝たとか、いたずらをして庭の木に帯で縛り付けられた、おねしょをするので布団を背負って近所の家々をまわらされたなど、しつけとしての体罰は日常的だったらしい。昭和に入っても、おやつ抜きやご飯抜きのしつけがあったし、学校では、教師の

ビンタ（ほほを叩く）やゲンコツ、教室や廊下に立たされていた子の姿も日常的だった。体罰と教育罰の境目に関しては、ここ数十年、とりわけ時代の変化を感じさせられる。

　ネグレクトをどう捉えるかについては、現在でも文化差が大きい。アメリカでは、子どもだけの留守番を許さず、両親がスーパーで買い物をするために、自家用車のドアをロックして数分間子どもを置いて戻ってみたら、人だかりと警官の姿に仰天した等のエピソードも聞く。2016年6月、日本でも北海道で、2年生の男の子をしつけのために車から降ろして置き去りにした事件があった。しかもコラムに記したように、何を虐待と見なすかには人々の意識（文化）の差が反映し、いくつかの虐待の種類が重複している場合も多く、正確な把握は難しい。また最近は、発達に偏りのある子（発達障害）が増加し、それが虐待の結果もたらされた行動傾向なのか、それともそうした偏りのある子を「しつけを受け入れない子ども」として親に虐待行為を発生させたのかも、ケースによっては曖昧である。単に社会の縛りが緩くなったことで、人々の「親性（おやせい）」が劣化した結果から虐待件数が増加したとは言い切れないだろう。

コラム1

　「虐待を受けた子ども」は、さまざまな理由から実親の下で生育できなかった子どもである。語源である child-abuse（mal-treatement）が示すように、ふつうではない育てられ方をしてきた〈AB-USE〉な子どものことを指している。明治時代に日本の誰かが、この語を「虐待」と訳して以来、この訳語が定着しているが、「虐」というおぞましい響きをもつ内容にとどまらず、子どものウエルビーイングが損なわれている状態をすべて ab-use と理解すれば、虐待は、特殊な親とその下に置かれた少数の子どもの上にだけある状況ではなく、近年、より多くの子どもの上に広がりつつある問題で、子どもの成長のネガティブな状態像の広がりを指す語と捉えるべきであろう。

コラム2
①**身体的虐待**（殴る、蹴る、叩く、投げ落とす、激しく揺さぶる、やけどを負わせる、おぼれさせる、首を絞める、縄などにより1室に拘束する等）は、いずれの社会でも一番発見されやすく、また死に直結しやすいという意味で、古典的な虐待の種類である。1990年代初頭では、虐待の通告の大半が身体的虐待であった。
②**性的虐待**（子どもへの性的行為、性的行為を見せる、性器をさわる、またはさわらせる、ポルノグラフィの被写体にする等）は、家族の中でしばしば発生するため、暗数が多いとされる。これも欧米に比べわが国の発生率は低く、正確な実態が把握されていない。
③**ネグレクト（育児放棄）**（家に閉じ込める、食事を与えない、ひどく不潔にする、自動車の中に放置する、重い病気になっても病院に連れて行かない等）は、欧米では虐待事例の80％を超えるとされ、この問題が社会的にも重視されているが、わが国では長い間この問題に対応を怠ってきたように思われる。それでも最近では通告件数が徐々に増加している。
④**心理的虐待**（言葉による脅し、無視、きょうだい間の差別的扱い、子どもの目の前で家族に対して暴力をふるうなどの面前DV、きょうだいに虐待行為を行う）は、親の言葉や態度によって発生する虐待であることから、他の虐待と比べても、いっそう発見が難しい。他の虐待が身体的ウエルビーイングを損なうのに対して、心理的虐待は、子どもの心を傷つけ、自尊感情を損なう点で、重大な結果を生む種類の虐待である。なお、親が子どもの前で配偶者やパートナーに暴力をふるう「面前DV」は、44％増で、2015年度は心理的虐待の大半を占めた。

また、これら4種類の虐待に加え、子どもに過度の期待をかけ、過剰な学習機会（各種の塾、けいこ事、受験など）を用意して、子どもに教育的圧迫を加え、そのウエルビーイングを損なう行為も、日本的な、また現代的な、「第5の虐待」と見なせるのではなかろうか。

表0-1 わが子の育てにくさ (N=205)

とても育てにく子	4.9%
ふつう位に育てにく子*	24.4%
わりと育てやすい子	50.2%
とても育てやすい子	10.2%

＊ いくつか親に手を焼かせることがある子

2. 虐待されやすい子——発達に偏りのある子どもの存在

　小児科医が「育てやすい子（イージー・チャイルド）」と「育てにくい子（デフィカルト・チャイルド）」の語を使用することがある。後者は、身体的心理的にトラブルを起こしやすい体質をもった子や、発達の偏り（発達障害）をもつ子で、幼少期を何とか乗り切れば、多くは問題ない成長のコースに入っていくものだという親への励ましの言葉とも言える。

　ちなみに、2016年6月に東京の下町の幼稚園児の母親205人を対象に、筆者が子どもの育てにくさを調査した結果が表0-1である。

　表が示すように、一般的には6割が育てやすい子のようで、育児は思ったより平穏な過程かもしれない。しかし中に、「とても育てにくい子」が4.9％いる。このサンプルの場合の内容は身体症状が多かったが、これがいわゆるデフィカルト・チャイルドと呼ばれるタイプであろう。ふつうは、こうした「とりわけ扱いの難しい子」も「親性」（養育性）の範囲内で日常的に対応されていくが、むろん「親性」だけではカバーし切れないような、特別に「育てにくさ」をもった子もいる。むろん「親性」が十分形成されているかどうか（後述）には、個人差もある。親性の範囲、また親個人では対応できない子には、周囲から少なからぬ子育て支援が必要だが、それが得られにくい社会的状況が広がってきている。

1 発達の偏り（発達障害）をめぐって

　発達の偏り（発達障害）をもつ子が増加している。この種の子どもを扱う専門病院は、最近では、何か月も先まで予約がとれない状況のようである。

しかし発達障害の語を一般の人々が使い始めたのは、そう昔のことではない。例えば子ども理解をテーマにしている教育誌『児童心理』（金子書房）は1998年12月臨時増刊号で、接し方・かかわり方がわからない「『気がかりな子』の理解と指導」というタイトルで特集を組んでいる。教師に「気がかりな子」として挙げられている子の例として、「指示にすぐ取り組むことができない、交友関係を作れず孤立しやすい、授業中席について話を聞くことができない、時には教室外に出てしまう、些細なことで気持ちが昂る、自分の気持ちを表現できない、内面を見せない、周囲の意見を聞こうとしない」等の項目が挙げられているが、発達障害の語は全体を通してまったく登場していない。しかし5年後の『児童心理』2004年6月臨時増刊号には、タイトルに「LD・ADHD・自閉症・アスペルガー症候群」が使われている。この数年で、発達障害をもつ子どもの存在が人々に認識され始め、多くの人々がこの語を使うようになってきたことを示している。

　そもそも、発達の障害とは何か、その原因はどこからくるのか、またそれは障害と名付けていいものか、子どもの成長に従ってそうした行動の偏りがどう変容していくか、どのような支援が子どもの行動の改善（成長）に役立つか等々については、現時点では十分な研究が進んでいない。また、成人した人々にもさまざまな個性があり、それを見ていると、現在だったら「発達障害」と呼ばれていた子だったかもしれない人もいる。しかし成人した現在は、多少個性的な行動の仕方はするものの、多くは社会人としてつつがなく生活している。したがって、きわめて顕著な発達の偏りをもつ子には、このようなネーミングも必要かもしれないが、その周辺にいる子どもに、（医師でない人々が）イージーにこの語を使うべきではないだろう。本書がこれまでも、これ以後も、発達の偏り（発達障害）の表記を用いるのは、そうしたスタンスからである。「発達しょうがい」とか「発達障碍」のような、姑息とも言える表記をすることでは解決しない問題と思われる。

　里子の養育につまずいている里親の場合に、里子の中に著しい「発達の偏り」をもつ子どもや、見かけ上の（虐待的環境の中での成長によって）「発達の偏り」をもつ子、また養育の断絶によって一時的な不適応行動（発達障害に似た）を起こしている子などが混在している可能性があり、それが里子養育

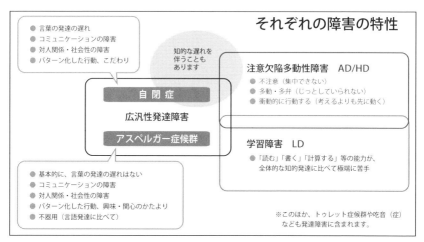

図0-2　発達障害の分類（厚労省）
出典：2011年政府広報オンラインより

を挫折させ、養育返上に至る場合も、全国里親アンケート調査の自由記述欄に縷々書き込まれた養育困難ケースの中に見出される。

なお発達障害については、国際的に発達障害等を診断する基準として、アメリカ精神医学会が規定するDSM（精神障害の診断と統計マニュアル）と世界保健機関ICD（国際疾病分類）があって、厚労省はICDを使用している（図0-2参照）。

2 子ども虐待の専門外来の資料から

親から虐待を受けた里子の割合は、本研究では7割であった（1章の表1-16参照）が、先行研究には、被虐待児の中には（原因にせよ結果にせよ）発達障害やそれに近い問題を抱えた子どもが多い、との指摘がなされている。

例えば、愛知県大府市にある「あいち小児保健医療総合センター」の心療科は、子ども虐待の専門外来を置く機関だが、2001年から2009年に受診した子ども虐待の症例を分類しており（表0-2）、53％に発達障害が認められたと報告している。また逆に、各種の発達障害の存在が、親の「子ども虐

表0-2　子ども虐待の症例に認めた併存症（2001～2009年）　(N=916)

併存症	人数	％
広汎性発達障害	244	20.6
ADHD	153	16.7
その他の発達障害	86	9.4
反応性愛着障害	418	45.6
解離性障害	434	47.4
PTSD	308	33.6
反抗挑戦性障害	133	14.5
行為障害	269	29.1

出典：川村昌代・杉山登志郎「発達精神病理学的視点からみた広汎性発達障害」（『臨床心理学』臨時増刊2号、金剛出版、2010年）より

待」を引き起こす可能性も指摘され、両方の要因から、通常より里親の里子養育の困難度を増している可能性も考えられる。

　里子には、虐待のトラウマを抱える子どもだけでなく、発達上で問題を抱える子、発達障害やそれに近い傾向をもつ子等を、通常より多く含む可能性も考えられる。

③ 発達に偏りをもつ子の出現率──文科省調査から

　文部科学省（以下、文科省）は平成24年2月に（岩手、宮城、福島を除く）、全国の小中学校（児童生徒総数約54,000人）に「発達障害の可能性のある子」についての調査を実施し、その結果から、普通学級に在籍する子どもの「発達障害」またはそれに近い発達に偏りをもつ子は6.5％という数字を発表した。表0-3は、それぞれの偏りを示す子どもの割合である。

　これを受けるかのように、最近、各学校に少人数の「特別支援学級」の設置が進んでいる。これらの子どもは、養育（教育）上「特別な配慮を要する子」であり、子ども側に立てば、「スペシャル・ニーズをもつ子」である。発達に偏りのある子は、しばしば対人関係上でトラブルを引き起こす。幼稚園や小学校でトラブルの絶えない子には、知的障害があって言葉のやり取りがうまくいかない、ADHDで衝動性が抑えられずに暴力をふるう、ASD（自

表 0-3　発達障害の傾向
(推定値：%)

学習面または行動面で著しい困難を示す	6.5
学習面で著しい困難を示す（A）	4.5
行動面で著しい困難を示す	3.6
「不注意」または「多動性－衝動性」の問題を著しく示す（B）	3.1
「対人関係やこだわり等」の問題を著しく示す（C）	1.1
学習面と行動面とも著しい困難を示す	1.6
AかつB	1.5
BかつC	0.7
CかつA	0.5
AかつBかつC	0.4

出典：文科省「通常の学級に在籍する発達障害の可能性のある特別な教育的支援を必要とする児相に関する調査結果」（平成24年12月）より
注　：調査対象は、知的発達に遅れはないものの学習面・行動面で著しい困難を示す児童生徒（担任による）

閉症スペクトラム、アスペルガー症候群）のために相手の気持ちや場の状況が把握できない、柔軟性が乏しくこだわりが強くて場に合った行動ができない等の場合も多い。家庭でも同様の状況があって、親に「子どもが言うことを聞かない、何度言っても懲りない」と受け止められ、それが親の育児困難感を増加させ、時に虐待やネグレクトを生む場合もある。こうした子どもの養育には、家庭や幼稚園、学校また施設等に、専門的な知識と「かかわりの経験」をもった（専門性の高い）スタッフが支援に入る必要があるが、理論や実践の積み重ねの不十分さもあって、人材の養成も難しい。現に厚労省は、平成26年度から「子育て支援員」の育成（研修）プログラムを開始し、子育て上にこうした支援のできるスタッフの育成を企図しているが、子育て支援員が備えるべき資質（専門性）については、まだ吟味も育成プログラムも不十分のように見受けられる。

4　「育てるのが難しい子ども」の増加

(1) さまざまなダメージの下で

　親から虐待を受けて児相に保護された子どもは、その後の養育先を乳児

院、児童養護施設、里親、ファミリーホームなどに振り分けられる。しかし（虐待環境に育つという）受難の期間の長短はあっても、通常ではない生育環境下にいた子どもたちの多くは、心身ともに成長発達上のダメージを受けており、養育上の対応が、とりわけ難しい子どもたちである。

　さらに近年では、脳機能の障害等に起因する「発達に偏りをもつ子ども（発達障害）」が増加し、親がそうした子どもを扱いあぐねて、虐待が発生する場合も出てきている。また、社会的諸条件から生じた「親性（おやせい）」の劣化とも言うべき親の身勝手さから、子どもへの虐待が発生し、一時的な症状を起こす場合もある。社会的養護が必要な子どもたちについては、その原因も結果もそこに至るプロセスもさまざまで、その養育は限りなく難しい問題を含む。こうした、とりわけ「育てるのが難しい子ども」を、誰がどこで、どう育てていけば、それぞれの子どもに最良の成長がもたらされるかは、これからの各分野の研究者たちの研究課題であり、今後の社会的養護における大きな（対応）課題であろう。

　2章で扱うように、昔と比べていちだんと難しい問題をもつ子を委託されて、養育困難に陥っている里親も増加しており、6章で見るように、養育を返上するに至る里親も出てきている。養育返上は、里親にとっても里子にとっても、心に傷を負う不幸な出来事である。また7章で見るように、とりわけ難しい問題をもつ子どもの専門的療育機関であるはずの児童養護施設も、こうした難しい子どもの増加に必ずしも対応できず、指導員たちは悲鳴を上げている。

　しかし、発達に偏りがあってもなくても、たとえ虐待と名付けられるような大きな逆境下で発達上にダメージを受けても、近年のレジリエンス研究（後述）によれば、子どものもつレジリエンス（立ち直り力、回復する力）によって、そうしたダメージを克服していく子も少なくない。最善の成長環境と十分な支援を与えることで、不適切な環境下で育った子どもたちが、そのダメージから回復していく割合をできる限り増加させることが求められている。こうした子どもたちの回復に機能する条件とは何なのか。

(2)安心と安全な場での成長

　発達心理学の立場からは、「幼い者たち」にとっての最適な成長環境とは、何よりも、そこにいて「安心感、安全感」の得られる場、のびのびと自分自身でいられる場とされる。他の子どもと比較されたり、競い合うことのない環境、自分が世界の中心にいて、自分（子ども）の都合をいつも優先しようとしてくれる養育者（里親）の下での成長である。まだ動物の仔の段階から抜け切れず、いわば人間としての「芯」が出来上がっていない幼い発達段階の子どもたちにとって何より必要なのは、「安全と安心」であり、世界が自分に向かって「あなたはいい子」と、にっこり微笑みかけてくれるような環境である。

　通常の環境で育った子どもはもちろんだが、とりわけさまざまな環境的欠損や不幸を体験してきた子どもには、ふつうの何倍もの「安全と安心」な環境と養育者の微笑みが必要である。その意味では、仲間との間で絶えず比較や競争が起きる集団的な成長環境、すなわち大きな施設よりも、もっぱら家族がその子に合わせてかかわることのできる、小さな「里親家庭」での成長が望ましいことは言うまでもない。欧米では保護された子どもの里親家庭への委託が8割を超えているが、日本では厚労省が、（ファミリーホームをも含めて）せめて3割にとの（ある意味では情けない）数値目標を掲げていることは周知の通りである。

3.　子どもを虐待する親たちの背景——子育てにつまずく人々

　わが子を誰よりも慈しんで育てるのが一般的な親の姿なのに、なぜ「子ども虐待」が発生し、それが次第に増加傾向をたどるのか。動物の親ですら、ほとんど例外なくわが子を保護し育てるのに、なぜ人間の親が、親としての逸脱行動に走るのか。おそらく時代の中で、それぞれの社会が抱える病理を背景に、ある種の条件下に置かれた親のもつ「個人的な事情」から、虐待行為が発生するものと思われる。次に、子どもを虐待する親、いわば「本能が

壊れた親」、子育てにつまずいた親たちの背景にある要因を探ってみる。[注1]

1 家族サイズの縮小
——周囲に人の目とかかわる人のいない環境での育児

　育児は必ずしも平坦な道のりではない。初めての子どもであろうと、何人目かの子どもであろうと、それぞれの子どもの資質には個人差があり、個別の対応が必要である。また母親は、育児だけにかかわるわけにはいかず、生活者としての日常の仕事（家事や職業に伴う労働）もある。その中で子どもを、それぞれの年齢や個性に合わせて育てていく過程では、時に母親以外の人手も必要で、周囲からの育児上の援助や助言も必要である。

　かつて、大きな家族が一般的だった時代には、祖父母やその他の親族が、育児をする母親とともに生活しており、近所の人々との交流も密で、育児は人の目の届く場で、時には人手を借りながらの過程であった。しかし最近は小さい家族と地域とのネットワークの乏しい中で、多くの母親が、心理的にも行動上でも孤立した育児過程を余儀なくされている。

　また、母親自身が小さい家族、少ないきょうだいの中で育ち、育児スキルや子どもとのかかわりの経験値に乏しいまま母親になる。こうした状況で、もし育児の過程でつまずきが生じれば、追い詰められる母親も出てくる。日本の虐待者の半数が実母であることは、母親の孤独な状況下での育児を象徴している。また、最近の「発達の偏り（発達障害）」をもつ子どもの増加も、育児につまずきや困難をもたらす要因となっている。

2 「親性（おやせい）」（養育性）の乏しい（母）親

　「親性（おやせい）」を、聞き慣れない語と思う人もいるかもしれない。
　人々の間で、かつてはごく日常的に「父性・母性」の語が使われており、学術書の中には「父性原理・母性原理」の語もあった。母性（Motherhood）の語は、辞典に次のように記述されている。
　「母性 motherhood：母親であること、またその特性。子どもの養育に際

して母親は、保護、慈愛、献身など一連の母性的行動を示す」(『臨床心理学辞典』恩田彰・伊藤隆二編、八千代出版、1999年)

この定義のように、養育行動は従来母性本能によるもので、女性に生得的に備わったものと見なされてきたが、近年の研究によって、人間の母親の意識や行動は、他の動物とは違って社会や文化、または夫婦関係や母子関係によって、多様な形態をとることが明らかにされるに至った。母性的行動のみならず、かつての時代より男性と女性の行動の差が縮小し、性別役割（sex-role）が曖昧になってきた時代の中で、父性や母性の概念を生物学的な性別の上に貼り付けることは不適切であるとして、研究者たちによって、近年「親性」（養育性）の語が使われ始めた。

しかし性別上の貼り付けを外しても、「子育て」の担い手には、一般的な職業労働に従事する場合とは違った特別の「態度的特性」が必要である。これを「親性（おやせい）」と名付ければ、つつがなく育児行動をしていくには、次のような人格上の特性が必要と思われる。

①援助性（弱い者、困っている者を助けたいとする動機の存在）
②子どもへの関心（子どもが好き、可愛い、いとおしいという感情）
③情緒的安定性
④自己価値観（自尊感情、セルフ・エスティーム）

こうした要件を、どこかの部分で著しく欠いていると、良質で継続的な子育て行動が難しくなり、時に各種の子ども虐待やネグレクトが発生する原因ともなり得る。こうした場合の親行動が十分に果たされるには、しばしば、家族の内外に何らかの育児補助者、育児支援者が必要になる。最近になって、各方面から「子育て支援」の必要性が喚起され始めたのは、そうした時代背景によるものであろう。

③ 自分自身が抱える問題で精一杯の(母)親

親でなくとも、自分の中に何らかの問題を抱える人々は少なくない。崩壊

しかけた家族の中で苦慮する（母）親、就業と母親業との両立に悩む母親、家庭の経済的貧困、（母）親自身の人格の未成熟、自分自身が（実家の）母親から十分な自立を果たしておらず、心理的には、まだ娘のままの未成熟な母親など、他からの支援がなければ育児行動をつつがなく行うことができない母親も少なくない。ここにも、外部からの「子育て支援」が必要になる。

4 各種の障害や著しい文化的偏りをもつ（母）親

親自身が発達障害や知的障害、また精神疾患等をもつ場合や、しつけや子ども観について著しく偏った観念をもつ親が、虐待に匹敵する体罰やネグレクトをはじめ、育児上の逸脱行動を起こすこともある。こうした場合は外部から、医療機関の受診と相談機関等へとつながりをつけ、（家庭内の）育児代理者の確保や、外から「子育て支援」のネットワークを形成することが必要であろう。

なお、その他にも、「育児不安からくる乳児への虐待」「完全主義の親による幼児への虐待」「子どもへの愛情欠如」「暴力のコントロールができない人格」「社会性の欠如や性格障害」などを指摘する研究者もいる（坂井1999）。

4. 虐待されている子の発見とそれへの対応

1 多くの目による早期の発見と関係者と関係機関の連携・協力

子どもは、それぞれの家庭の中で実親から守られて、安心安全に育つもの、という従来の社会的認識を改める必要性が生じている。それは、最近の虐待件数の増加を見ても明らかである。もっとも、冒頭で記したように、虐待そのものを見つける社会的視線の広がりによって、虐待されている子を発見して、児相や警察等に通告する人々が増えてきたことも、こうした数字の増加の一因であろう。また、今なら虐待と見なされる仕打ちを、子どもが実親からしばしば受けていた時代もあった。貧しい時代の出来事であったとは

いえ、「児童労働」もその一端だったとも言える。子どものウエルビーイングに対する考え方に変化が生じ、そこここで、望ましくない育てられ方をしている子どもに世間の目が届こうとしている。

　しかし虐待の発見は容易ではなく、多くの人々の目と連携が必要である。地域の人々はむろん、学校の教員、幼稚園の先生、保育士、医療関係者、保健師、子育て支援員など、子どもと接触するすべての人々が、子どもの表情や行動上の小さなサインを見逃さず、疑わしいケースは児相や警察等に通告し、ともに支援をしていく体制が必要である。子ども自身が親による虐待を外部に訴えることはまれであり、虐待の発見には、子どもを見つめるアンテナをしっかりと張っておくこと、子どもの様子のおかしさをキャッチする能力が必要だと専門家は指摘する（奥山・浅井1997）。

　幼児の場合、例えば「表情の深みがない・誰にでもべたべたあまえるが、担当の保母としっかりしたかかわりが取れない・他の子とうまくかかわれない、乱暴である・少しでも注意すると固まった状態になる・不自然な傷や頻繁に気付かれる傷に対する説明が不自然・発達の遅れ・身長や体重の増加が悪い・衣服や身体がいつも不潔・基本的生活習慣が身についていない・食行動に問題がある・父母の前でおびえた表情をする・家に帰るのを嫌がる・衣服を脱ぐことに異常な不安を見せる・年齢不相応の性的な言葉や性的な行為が見られる・他者との身体的接触を以上に怖がる」。

　しかし、子どもの表情や行動の中に「何かおかしい」ものがあるという素人の素朴なカンが、一番大事な手掛かりかもしれない。しかも、1人だけの目ではなく、多くの人の複合的な目も必要であろう。

　なお、虐待が疑われるときの通告は、通告者には守秘義務が課されず、また誤報を問われることもないことを、もっと衆知することも必要であろう。

2　「心に寄り添う」支援——虐待された子どもとかかわる際に

　里子には、親からの虐待を受けて里親家庭に委託される子どもたちがかなりの割合で含まれる。今回われわれが行った全国調査のサンプルの場合、7割がその体験をもっていた。そうした特異な経験をしてきた子どもに、里親

は何を与え、どうかかわっていけばいいのだろう。

　臨床心理士や児童養護施設の指導員等でも、ふつうの環境下で成長してきた子どもとは違った難しさが、そうした子どもとのかかわりにはあるという。まして里親の多くは臨床家ではなく、「療育」（治療と教育）の専門家でもなく、ふつうの人々である。里子の養育は、単に実親のように、またそれ以上に丁寧に「心を込めて育てる」だけでなく、いわゆる「療育」に近い専門的知識とスキルが必要かもしれない。しかし、そうした経験をもたない里親に、一体何ができるのか。特別な専門的知識がなくてもできる「かかわり」の仕方には、何があるか。

　それは、①里子の心の深淵にできるだけ近づこうとし、さらに②里子にひたすら「寄り添おうとする」努力ではなかろうか。

(1) 子どもの（特異な）「心の世界」を知り、それに近づこうとする努力

　虐待を受けた子どもは、そのトラウマが支配する特別な「内的（心理的）世界」の住人である。過酷な環境下で生育したことで形成された、普通とは違う「心の世界」にいる子どもの行動の意味を１つひとつ感じ取り、理解しようとする努力の中で、支援の仕方も見えてくるであろう。のちに４章と５章で掲げる資料は、里親からの聞き取りによる里子の「心の世界」を語るものであるが、これらは里子たちの特異とも言える内的世界を理解する際に重要な手掛かりになると思われる。

(2) 子どもの話を傾聴すること

　特別な専門的知識がなくても、里親に十分にできる「療育」の仕方があるとすれば、それは、カウンセラーになろうとする人々が、まずはじめに受けるレッスン、「傾聴」ではなかろうか。

　子どもは一般にどの子も、「自分は世界の中心にいて、親をはじめとする多くのよき人々に見守られ、受け入れられている」「世界は温かい」とする感覚をもっている。しかし、こうした自分や世界に対する感覚が、さまざまな逆境を体験してきた里子たちの中ではしばしば欠けている。

　世界はやさしく、自分はその中心にいて、多くの人々に愛されている存

在。そうした感覚を里子の中に満たしてやるために、臨床家ではない里親にも心理臨床の専門家以上にできることがある。里親は、24時間里子のそばにいる存在である。ひたすら里子の言葉を聴き取ろうとすることで、「あなたは私にとって大事な人」というメッセージを里子に送り続けることができる人々である。それは虐待の中に置かれ、里子に欠けていた「自分を大切に思う感覚」を取り戻させることにつながっていくのではなかろうか。

(3) 傾聴が伝えるメッセージ[注2]

傾聴は、カウンセラーになろうとする人々が、まずはじめに学び、体験する訓練である。われわれは、日常、相手の話す言葉をほぼ音として耳に入れている。半分聞き流していると言ってもいいかもしれない。しかし「傾聴」とは、相手の話そうとしている言葉の1つひとつに心を傾けて、その心を聴き取ろうとする「聞き方」である。こちらの口はできるだけ閉じて、相手の話す言葉とその心を、全身で受け止めようとする。それによって、相手の話すことへの理解が深められるばかりでなく、逆に「私はあなたに関心をもっている」「あなたは私にとって何より大事な人」とするメッセージを相手に伝えることができる。傾聴については、カウンセリングの基本であるため刊行されている書籍も多いが、以下に、古宮昇の著書（2008）からいくつかのポイントを引用する。

① 相手の話（気持ちや思い）を、まるで自分のことのように想像しながら、親身に聴くこと。
② 相手の気持ちや考えを批判せず、そのまま尊重し受け入れようとすること。
　　相手のもつ様々な観念や価値観を限りなく尊重し、それを理解しようと努力すること。
③ 聞き手の中に、悩み、とらわれ、葛藤があると、その部分が刺激されて、相手に心を開けなくなる。
　　聞き手の側の人格的成熟、おおらかさが必要である。
④ 相手の語る内容に「巻き込まれて」しまわず、相手の話すことへの「同

情」ではなく、ただ「共感」しようとつとめること。

　それによって、ニュートラルでありながら、相手に限りない温かさやさしさをもった「中庸」が生み出される。

それらは、スキルというよりも、むしろ「聞き手の態度そのもの」と言ったほうが適切かもしれない。

(4) 子どもの中の「レジリエンス」(立ち直り力)とそれへの期待

1. 愛される経験とアタッチメント形成

　虐待を受けた子の多くは、よき養育環境の下に置かれることで、それまでに心身に受けたダメージから少しずつ回復していく。回復にはむろん個人差もある。幼少期に受けた心の健康性の回復が難しく、保護が打ち切られる18歳以後に破滅的な人生をたどる者もいると聞く。しかし、逆境下に置かれたすべての子どもが、そのダメージから回復できず、その後の人生が最悪の経過をたどるわけでもない。

　そうした「回復力」はどのような環境の中で生み出され、発揮されるか。

　1つは自分をポジティブに捉える力をもつことであろう。自己概念がネガティブで、無価値観が奥深く形成されていれば、前向きな行動は起こせない。それは対人関係への消極性ともつながっていく。世界が「あなたはいい子」と微笑みかけるかのような環境の中で、虐待下にあって、失われていた自分への価値感情が生み出される。対人関係も積極的に形成されるようになる。

　とりわけ虐待を受けて成長した子は、アタッチメント（愛着）と名付けられている「人との強いむすびつき」の体験にしばしば失敗している。それは後日、対人関係を形成するうえで基本となる重要な特性の欠損を意味している。

　しかし、不利な境遇で成長したにもかかわらず、養育している里子に性格形成や対人関係上で問題が見られず、むしろ育てやすい子だと感じている里親もいないではない。里親との面接の際に、「乳児院では、保育士さんに可愛がられていた子だったと聞いています」（何らかの理由で、特定の保育士との間に十分なアタッチメントが成立していたのではないか）とか、また「私にずっと

なついてくれませんでしたが、乳児院では、ある保育士さんにひたすらなついていたそうで、里親の家に来るのは不本意だったのでしょう。でも最近はやっと私になついてくれました」と話す里親にも出会った。

　乳児期に集団的環境に置かれて、マルティプル・マザリング（複数者による養育）の不利な状況にあっても、特定の相手とアタッチメントを形成する（能力をもつ）子もいれば、そうでない子もいる。また形成されたアタッチメントの対象を容易に他の対象（里親）に移すことのできる子もいる。あらためて、こうした能力の個人差を知る思いである。

2. レジリエンス研究からの示唆

　子ども（人）にはレジリエンスと名付けられている「立ち直り力、回復力」がある。この問題では、貧困と家族崩壊の中にあった、ハワイ・カウアイ島で1955年に出生した698人の子どもたちに40年にわたる追跡を行った有名な研究がある。

　女性研究者（ワーナーとスミス）が、カウアイ島の貧しい環境で、極度の貧困、親の精神疾患、家庭不和、離婚などの強いストレッサーの下にいたハイリスク児の追跡研究を行った。そうした子どものうち、3分の2は、10歳までに、学習や行動上の問題を起こし、18歳までに、非行やメンタルヘルス上の問題、ティーン時の妊娠などの問題行動を起こしたが、3分の1は、18歳時には、社会的に有能で自信をもち、思いやりのある人間に育っていたのだった。それまで研究者たちは、こうしたリスクは子どものメンタルヘルスにきわめて有害だとして、決定論的に「脆弱性（傷つきやすさ）」の研究に関心を寄せていたが、この研究で大きな転換が生じることとなった。人（子ども）の回復力への信頼である。リスクや逆境下にあったにもかかわらず、よい適応を遂げた子ども（若者）には、その周囲（家族、地域）に、「代理両親」（メンター）と呼ばれるような、サポーターがいたことも明らかになった（松嶋 2014）。

　また、ハウザー、ゴールデンほか『ナラティヴから読み解くリジリエンス——危機的状況から回復した「67分の9」の少年少女の物語』（仁平説子・仁平義明訳：2011）では、精神病院に入院中の子どものうち、回復したレジリ

エントな子どもは13％であった。

　また、マグローンらの被虐待児676人の22年後の追跡研究（同書）では、精神的にレジリエンスを達成した者は22％だった。

　仁平義明（2016）は言う。「レジリエンスは、残念ながら、一部の子どもにだけ起こる現象なのである。レジリエンスは、科学的研究の対象であると同時に、社会の希望、思想だといえるかもしれない」。

　しかし、こうした数値の低さに、われわれは失望する必要はない。これらの子どもたちは、社会的養護の恩恵の下で成長した者たちではない。多くは運命の支配のままに成長した者たちである。しかし日本の場合、逆境下に置かれた子どもは、児相によって保護され、各種の児童養護施設や里親の家庭で手厚い養育を受けて、強力なメンターの下にいる。こうした子どもたちの精神的・身体的回復率は、これらの研究の結果より、はるかに大きいに違いない。今後、日本でも、若い研究者によって、10年、20年にわたる大規模な追跡研究が行われることを望んでやまない。そして社会的養護下に置かれることになった子どもだけでなく、すべての子どもが、いつか出会うかもしれない人生の逆境を乗り越えるために、レジリエンスを育て、強めるための研究が行われることを望んでいる。

《引用・参考文献》
注1〈親の問題〉
浅井春夫（2002）『子ども虐待の福祉学──子どもの権利擁護のためのネットワーク』小学館
岡田俊（2015）「親のメンタル不調と虐待」（『児童心理』10月臨時増刊号「子ども虐待の諸相」p32）
奥山真紀子・浅井春夫編（1997）『子ども虐待防止マニュアル』ひとなる書房（p52）
小野真樹（2015）「育てにくい子ども──背景にある発達の歴史を理解する」（『児童心理』10月臨時増刊号 p47）
原田正文（2015）「親性（養育性）が未発達な人々」（『児童心理』10月臨時増刊号 p37）
原史子（2015）「家族サイズの縮小──人の目と支え手がない環境での育児」（『児童心理』10月臨時増刊号 p21）
信田さよ子（2015）「自分自身が抱える問題に振り回される親」（『児童心理10月臨時増刊号 p27）

坂井聖二（1999）「児童虐待を理解するための基本的な問題点」（吉田恒雄編『児童虐待への介入——その制度と法』尚学社）

注２〈傾聴とレジリエンス〉

古宮昇（2008）『傾聴術——ひとりで磨ける"聴く"技術』誠信書房

仁平義明（2014）「レジリエンス研究の現在」（『児童心理』7月号 p13-20）

仁平義明（2016）「レジリエンス研究の展開」（『児童心理』1月号 p13-20）

ハウザー、スチュアート ＆ ゴールデン、イヴほか（仁平説子・仁平義明訳）（2011）『ナラティヴから読み解くリジリエンス——危機的状況から回復した「67分の9」の少年少女の物語』北大路書房

松嶋秀明（2014）「リジリアンスを培うもの——ハワイ・カウアイ島での698人の子どもの追跡研究から」（『児童心理』8月号 p40）

1章

里親と里子のプロフィール

深谷昌志・深谷和子

ここからは、われわれが 2014 年に、厚労省から科学研究費（以下、厚労科研費）を交付されて実施した全国里親アンケート調査の結果から、里親たちの生活やその下で暮らす里子たちの姿を明らかにしていく。
　不適切な親の養育が発見され、児相によって保護された子どもたちは、その後、乳児院や児童養護施設、ファミリーホームや里親に養育をゆだねられる。中でも、里親家庭で暮らす子どもたち（里子）の日々は、今、どのようなものだろうか。
　まず、本章と、続く 2 章・3 章では、調査対象となった里親と里子の属性や、里子養育の日々に明け暮れる里親の姿を見ていく。その後に 4 章 5 章では、里親がどのように里子に出会い、里子がどんな心の世界にいる者たちなのかを、自由記述の中から拾い出していく。

1. 全国里親アンケート調査の概要

　2011 年に厚労科研（3 年間）の助成を受けて、里親問題の研究者による里親研究（H23 - 政策一般 - 007　代表：開原久代）が始まった。全国里親会の協力を得て行った第 1 回（2012 年 11 月）の全国調査の結果は、すでに福村出版から、深谷昌志・深谷和子・青葉紘宇編著『社会的養護における里親問題への実証的研究』（2013 年）として刊行されている。
　2 回目の 2013 年調査（2013 年 10 月〜12 月）では、第 1 回全国調査の結果を踏まえて、再び全国里親会の協力を得て、アンケート調査が行われた。送付された調査票は 2120 通、回収は 1024 通、回収率は 47.5％であった（調査票および集計表を福村出版ホームページに掲載。URL は目次を参照）。

2. 里親という名の人々

　実子の子育てに精一杯の親たちも多い中で、自ら志願して「里親」になった人々とは、一体どんな人々か。どのような魂と動機をもって、里親になる

ことを志願した人々なのかを、まず見ていく。

1 委託開始年齢と家族構成

里親になったときの里親と里子の年齢を表1-1に示した。

里母が里子の養育を始めたのは40代からが48.9%で、50代からの25.8%を含めると、40代から50代にかけての里母が74.7%と4分の3を占める。委託されている子どもは、乳児41.6%、幼児27.3%で、乳幼児が68.9%と約7割である。

乳幼児の養育をする母親の多くが20代か30代前半であることを考えると、里親たちはそれらと1世代以上も年上の人々である。安定した環境を用意できるメリットもあるが、子どもにとっては、やや若さに欠ける母親かもしれない。他方で、中学生以上の里子を委託された里親も12.3%いる。面

表1-1 里親になったときの里親と里子の年齢 (%)

里母	20代	30代	40代	50代	60代
	1.6	19.7	48.9	25.8	4.0
里父	20代	30代	40代	50代	60代
	0.8	15.4	43.4	32.9	12.3
里子	乳児	幼児	小学校低学年	小学校高学年	中学生以上
	41.6	27.3	12.4	6.5	12.3

表1-2 里親の現在の年齢と職業 (%)

里母	年齢	30代	40代	50代	60代	不在
		4.2	26.1	40.6	28.8	0.3
	職業	専業主婦	自営	勤務者	その他	不在
		50.6	14.8	22.2	11.9	0.2
里父	年齢	30代	40代	50代	60代	不在
		4.0	19.0	37.5	37.0	2.6
	職業	勤務者	自営	その他	不在	
		53.8	23.5	20.2	2.4	

表1-3 家族構成（現在） (%)

	1人	2人	3人	4人	5、6人	7人～
長期委託の里子	68.3	21.9	5.1	2.2	0.9	1.7
実子（58.2%）	56.7	27.9	9.7	4.0	1.2	0.4
祖父母（24.9%）	64.4	25.5	4.0	2.4	2.0	1.6

表1-4 居住地域 (%)

北海道東北	南関東	北関東甲信越	東海北陸	関西	中国四国	九州沖縄
17.7	28.5	11.8	8.4	12.5	9.5	11.6

接調査の中で、自分は50代なので、養育に手のかからない中高校生しか引き受けられないと話した里親もいる。しかし、全体としては、40代から50代前半のやや高齢の里親が、乳幼児を委託されるのが一般的な姿である。

表1-2には、里親の現在の年齢と職業を示した。

里母は、50代から60代の専業主婦が約半数であるが、自営や勤務者など、仕事をもつ里母も37％いる。里父の多くもまだ現役である。

表1-3は家族構成で、表1-4は居住地域である。

② 里親の養育歴

表1-3の家族構成で見たように、長期に養育中の里子は、1人が68.3%、2人が21.9%で、合わせると里子を1人か2人委託されている場合が9割である。3人以上の養育には、ファミリーホームの経営者も含まれている。

これまで里親が養育した里子の数は、表1-5の通りである。全数991人のうち、養育後「自立した」里子のいる里親は21.5%、「親元へ戻った」里子は27.6%、養育を「返上した」体験をもつ里親も179人（18.1%）いる。

この中で、養育返上の経験がある里親については、のちの質的データ（4章・5章）でも検討するが、養育返上をめぐる実態については、大規模な調査が必要ではなかろうか。なお6章では、多少の統計と事例を収集して解説

表1-5　養育した里子の数と種類
(%)

	1人	2人	3人	4人	5、6人	7人～
自立した子（213人）	50.5	24.8	9.3	4.2	4.7	6.5
親元へ戻った子（274人）	38.0	18.2	15.3	5.8	8.8	13.9
委託返上した子（179人）	63.1	25.1	7.3	1.7	1.7	1.2
合計	35.9	16.9	11.4	7.6	9.0	20.1

注：（　）内はそれぞれの里親の人数

を加えている。

3 里親を志願した動機

　里親になった人々は、どんな動機の持ち主か。

　面接調査では、「実子に恵まれなかった、不妊治療の効果がなかった、出産にはすでに高齢だった」等の理由がしばしばであったので、まず表1-6で実子の有無を見る。

　実子がいない里親は4割で、6割は1人以上の実子をもっている。面接調査の際に、「実子にきょうだいがいたほうがいいと思って」と答えた人も少なくなかった。多子時代に大人数の家族で育った人々が、血を共有する大きな家族集団への希求から里子を望む場合も多いようである。日本人を里親に向かわせる主要な動機の1つであろう。

　表1-7では複数選択で、里親を志願した動機を聞いている。

　トップは「親の保護のない子の成長に役立ちたい」であるが、3位「実子の子育てが一段落したので、他の仕事より意味があると思って」、4位「養護施設等で働いた経験から、意義を感じて」もそれに続く。もともと「子ど

表1-6　実子の有無
(%)

	いない	1人	2人	3人	4人	5人～
実子の有無	43.0	13.5	16.7	13.3	7.5	5.9
実子の数＊	―	23.6	29.2	23.3	13.1	10.3

＊ 実子がいない里親を除いた割合

表1−7　里親を志願した動機　　　　　　　　　　　　　　(％)

	とても思った	かなり思った	あまり思わなかった	全く思わなかった
①親の保護のない子の成長に役立ちたい	57.4	31.6	8.1	2.9
②実子がない（できれば養子が欲しくて）	36.1	18.0	10.5	35.5
③実子の子育てが一段落したので、他の仕事より意味があると思って	22.6	22.0	13.8	41.7
④養護施設等で働いた経験から、意義を感じて	15.3	14.2	9.7	60.8
⑤子ども好きで、多少収入にもなるから	13.8	26.6	28.6	31.0
⑥実子にきょうだいが欲しくて	12.8	12.8	12.5	61.9
⑦周囲に薦められて	9.3	21.2	11.0	58.5

もが好き」というベースの上に、子育てが一段落して時間的にも経済的にもゆとりができて、一種の社会貢献を果たそうと里親を志願した人も多いようである。そうした社会的貢献の動機に続いて、実子がいない里親の場合、本来は養子縁組を望んだ者も多く2番目となっている。しかし、養子縁組には実親の同意が必要で、少子化時代の今日それは難しいので、やむを得ず養育里親を志願した人も多い。社会的養護が、養子希望者と社会的貢献の動機の持ち主のどちらに支えられるべきか。これからの日本の社会的養護の課題の1つであろう。なお、厚労省のホームページによると、近年では実子代替から、社会的貢献のための里子養育を志す者が統計上も増えているという。

④ 里子を育てる難しさ

　母親は出産したときに初めてわが子と出会う。しかし、それ以前に母親は10か月もの間、わが子を胎内に抱えて、時に心の中で話しかけ、胎児もまた母親にある種のサインを送り続ける。出産の瞬間、母親は赤ん坊を目にするのは初めてでも、いわば以前から緊密な交流がある。しかし里子は、たとえ赤ん坊のときに委託されたとしても、里母にとってはまったく初めての出会いである。それ以前に、児相が設けたプログラムに交流の期間が設けられてはいるが、それでも里子についての情報は通常の育児過程に比べればない

表1-8　Aちゃんは、育てにくい子か　(%)

①育てるのが、ひどく難しい子	33.3
②育てるのが、ふつう位の難しさの子*	40.3
③わりと育てやすい子	18.9
④とても育てやすい子	7.5

＊ ここで「育てるのが、ふつう位の子」としなかったのは、育児は親にとって大なり小なり困難が連続する過程であり、とりわけ「①育てるのが、ひどく難しい子」を抽出するために「ふつう位の難しさの子」の表現を用いた。

表1-9　里子の養育に自信を無くしたこと　(%)

わりとあった	少しあった	あまりなかった	全くなかった
17.3	32.0	28.4	22.3

表1-10　家庭養育より施設養育に向いている子かもしれない　(%)

時々思った	たまに思った	思わなかった
9.4	16.1	74.5

に等しい。心のつながりにくさも含め、里母が里子を育てる際に種々困難を感じるのは当然であろう。

　こうした養育困難の状況を聞き取ろうとしたのが、表1-8である。

　質問文は「子どもには、育てるのがひどく難しい子と、ふつう位の難しさの子、わりと育てやすい子とがいると言われますが、Aちゃん（複数の里子を育てている場合はいちばん育てるのが難しい子）はこうしたタイプのうち、強いて言えば、どれに当てはまるお子さんですか」である。

　「育てるのが、ひどく難しい子」とした者が33.3％、「ふつう位の難しさの子」とした者が40.3％で、合わせると7割を超える里母が大なり小なり里子の養育に困難を感じている。「わりと育てやすい子」は18.9％で、「とても育てやすい子」というラッキーな里母も7.5％いるが、子育てに困難を感じている里母が圧倒的である。

　次に表1-9では、そうしたAちゃんを育てる中で、「あなたは、自分に完全に自信を無くしてしまったことがありましたか」と尋ねている。

表が示すように、「わりとあった」が17.3％、「少しあった」が32％と、約5割が自分の養育に自信をなくしたことがあったと答えている。

養育に自信をなくすと、里親は「この子は家庭養育には向かない子ではないか」と思えてくる。表1-10は、そのことを尋ねている。

5 養育返上を考えたこと

里子の養育に自信を失い養育困難が極まると、里親は養育返上を考えるようになる。里子の養育を返上したいと思った（措置解除を望んだ）ことがあったかを尋ねたのが、表1-11である。

質問文は「養育が行き詰まって、養育の返上（措置変更・解除）をしたいと思ったことが、おありでしたか」である。

表1-11が示すように、何度も返上を真剣に考えた里親は7.7％とわずかだが、「何回か」あった者は21.9％、合わせると3割近い里親が、返上を考えるほど、養育の難しさに悩んだ折があったことを示している。むろん暗数として、実際に養育を返上した里親も、ある割合でいたと思われる（6章参

表1-11 養育返上を考えたこと (％)

何度も真剣に考えた	何回かある	ほとんどなかった	全くなかった
7.7	21.9	17.4	53.0

表1-12 養育返上を考えたこと×養育期間 (％)

		何度も真剣に考えた	何回かある	ほとんどなかった	全くなかった
養育期間	1年未満	10.0	20.0	20.0	50.0
	1年	8.5	25.4	18.3	47.9
	2～3年	7.3	12.3	18.7	61.6
	4～5年	7.1	22.4	10.3	60.3
	6～9年	8.2	28.1	20.5	43.3
	10年以上	9.5	24.8	16.8	48.9
全体		7.7	21.9	17.4	53.0

照)。今回の調査でも、表1-5の網掛けの部分に示したように、養育返上を実際に経験した里親が一定数いたことがわかる。

表1-12は、養育期間との関連である。養育期間の長さにかかわりなく、里親には養育に行き詰まって返上を考えるときがあったことがわかる。

3. 里子とはどんな子か（抽出児＝Aちゃん）

1 年齢と学校段階

表1-13で受託年齢を見ると、2歳以下の乳幼児が41.2%で4割を超える。また養育年数が5年以上の里子は44.4%と、半数に近い。養育年数が10年以上の里子も16.4%いる。「乳幼児を預かり、比較的長期にわたって養育する」のが、里親の平均的な姿のようである。

2 それまで里子のいた環境

表1-14には、里子がどんな経過で里親の家庭に委託されたかを示した。

表1-13 Aちゃん（抽出児）の属性　(%)

性別	男子：51.0%				女子：49.0%			
受託年齢	0歳	1～2歳	3～4歳	5～6歳	7～9歳	10～12歳	13～15歳	16歳以上
	11.6	29.6	19.1	12.7	9.1	6.6	5.5	1.1
養育年数	0年	1年	2年	3～4年	5～6年	7～9年	10～12年	15年以上
	3.6	16.6	13.7	22.0	14.5	13.5	9.3	7.1
現在の年齢	0～1歳	2～3歳	4～6歳	7～9歳	10～12歳	13～15歳	16～18歳	19歳以上
	3.3	8.6	20.1	17.2	15.5	15.5	15.9	2.7
学校段階	乳幼児	幼稚・保育	小学生	中学生	高校生	大学専門	社会人	その他
	6.8	22.3	34.2	16.2	16.8	1.2	1.6	0.9
在学生の場合	普通学級＝84.7				特別学級＝15.3			

表1-14　Aちゃんはどこから里親家庭に来たか
(%)

乳児院から	乳児院+児童養護施設から	児童養護施設から	実親の家庭から	他の里親や親戚から	その他
32.6	16.1	7.8	30.1	6.9	6.5

　表が示すように、①乳児院から、②児童養護施設から、③実親から、にほぼ3分され、乳児院を含めると、施設での養育を体験した子が6割近い。

　欧米の場合、虐待等で実親の下から保護された子どもは、短期間、施設で生活することがあっても、可能な限り早く養育里親の下に委託する仕組みが定着している。しかし日本の場合、実親の家庭から隔離された子どもの多くは、児童養護施設で生活することになる。日本の里親委託率は16.5％（平成27年3月末）である。欧米に比べて著しく低い委託率に、厚労省も里親委託の数値目標を3割としている。なぜ委託率が上がらないのか。この数字は、里子の成長に少なからずネガティブな影響を与えると懸念されるが、ここでは問題の指摘にとどめておく。

③ 学校適応

　表1-15は、Aちゃんが小学生以上の場合の、現在の学校適応である。成績は「中の下、下の方」が合わせて46.5％、「上の方、中の上」が合わせて22.5％で、成績はおおむね芳しくないが、一部で善戦している子もいる。里

表1-15　学校への適応
(%)

学業成績	上の方	中の上	中位	中の下	下の方
	7.6	14.9	31.0	18.8	27.7
勉強が好きか	とても嫌い	やや嫌い	普通	やや好き	とても好き
	19.5	30.5	33.8	11.5	4.7
学校に行く	とても嫌い	やや嫌い	普通	やや好き	とても好き
	4.3	8.1	28.8	18.4	40.4
友だち関係	とてもいい	ややいい	普通	ややよくない	とてもよくない
	13.4	27.9	39.4	16.3	2.9

親の家庭での生活が長い里子もおり、里親による熱心な教育の結果かもしれない。しかし勉強は「嫌い」な子が50％と、全体として学習状況は芳しくないようである。

しかし里子たちは「学校に行く」のはとても好き（40.4％）で、「やや好き」の18.4％を含めて、「学校が好き」な子は58.8％。また「友だち関係」は、「よくない」子も20.1％いるが、友だち関係の「いい」子が41.3％、「普通」も39.4％で、合わせると8割が、友だち関係はふつうか、ふつうより良好のようである。

里子の中には、家庭という人間関係の密な閉ざされた空間より、勉強は嫌いだが、学校のように開放感のある場を好む子も多いのかもしれない。

4 虐待の有無

表1-16によれば、Aちゃんが保護された理由は、「親からの虐待」が（複数選択で）70.3％。「親が死亡・病気」が38.9％である。

ただし、複数の里子を委託されている場合（31.7％）は、一番養育が難しい里子を「Aちゃん」と指定したので、被虐待率はやや高めの数字になっていると考えられる。

なお、平成28年1月の厚労省の報告書によれば、児童養護施設の子どもの場合、53.4％が虐待を受けていたとする調査資料がある。

しかし、それにしても本調査のサンプル（抽出児）で、虐待を受けた子が7割という数値には衝撃を受ける。残りの3割の子どもも、理由はともかく、実親が死亡、または実親に遺棄され、保護されて、見知らぬ環境（乳児院、児童養護施設、里親家庭等）に移されたこと自体、一種の虐待経験下にあった子と言えるのではなかろうか。

表1-16　Aちゃんの里親委託理由 (%)

親からの虐待			親が死亡・病気			児相の説明	
はい	いいえ	不明	はい	いいえ	不明	なし	あり
70.3	23.4	6.3	38.9	52.0	9.2	19.0	81.0

表 1-17（里親が感じた）虐待の影 (%)

影をとても感じた	影を少し感じた	何も感じなかった
32.3	38.8	28.9

　しかも里子の生育歴は、児相から詳細には知らされていないようである。児相は子どもの保護に精一杯で、実親から生育の状況を聞き取ることが難しいのかもしれないが、里親はそれまでの子どもの生育状況を十分には知らされないまま、手探りで里子を養育していく。多くの里親が感じている養育困難の背景には、こうした問題もあると思われる。

　なお、里子の日常に「虐待を受けた影」のようなものを感じたことがあるかを聞いたのが、表 1-17 である。「とても感じた」が 32.3％、「少し感じた」が 38.8％と、合わせて 7 割の里親が、里子に、ふつうの子には見られない行動、被虐待体験の影響ではないかと感じた行動の存在を指摘している。その具体的な内容は、4 章・5 章で見ていく。

5 対人関係を築く力とその発達の偏り

　ここからは、里子の中にある性格上の問題を見ていく。すでに表 1-8 で、Aちゃんが「育てにくい子か、育てやすい子か」を見てきた。「育てるのが、ひどく難しい子」33.3％、「ふつう位の難しさの子」40.3％の数字が示すように、里子養育の難しさに直面している里親は多い。その難しさとは何か。里子の性格上行動上に何があって、里親を悩ましているのかを明らかにしたい。

　ここで、気になるのは近年注目されている発達の偏り（発達障害）の問題である。すでに序章で見てきたように、厚労省はそのアウトラインを図で示し（図 0-1）、文科省は 2014 年に全国の小中学校調査を行って、普通学級に在籍する子どもの 6.5％がそれにあたるという数字を発表し（表 0-1）、各学校への特別支援学級の設置を進めている。里親が委託されているのは、かなりの割合で虐待下で成長した子どもたちが含まれ、虐待との因果関係はともかく、普通以上に「発達の偏り」（発達障害）のある子どもが多いと推定され

る。しかし発達障害にあたる子かどうかは、医師でなければ診断ができないし、まして、その存在をアンケート上で捉えることは難しい作業である。それでも、多くの困難の下で、里子の養育にあたっている里親たちを見るにつけ、多少とも里子のもつ「育て難さの正体」のようなものに接近できないかと考えた。

そこで、LD、ADHD、広汎性発達障害等の子どもの行動特徴に近い項目をいくつか恣意的に選び出して、アンケート項目に含めたのが、以下の資料である。

(1) 言葉の発達や学習のつまずき（学習障害：LD傾向）

表1-18はLDの子どもに特徴的とされる行動特性を抜き出して、里子に当てはまるかどうかを尋ねている。

文章を理解することが苦手などの6項目について、「とてもその通り」とした里親は、それぞれ2割前後いる。また「とても、少し」その通りの数値を合わせると、⑤文章を理解することが苦手（51.4％）、③特定科目だけがとくに苦手（50.3％）、②勉強のほとんど全般が苦手（47.9％）、④言葉の遅れがある（39.1％）、⑤字を書くのが苦手（37.7％）、⑥手先が不器用（33.8％）など、かなりの出現率である。里子の中には、LD傾向をもった子が、ふつう以上に多いことが推定される。

調査票上ではあるが、これらの項目の多くに当てはまり、学習障害の専門家の援助が必要と思われる子どもも、ある割合で見受けられた。なお、すで

表1-18　Aちゃんの苦手な学習や発達の遅れ（LD傾向）
(%)

	とても その通り	少し その通り	（小計）	あまり そうでない	全く そうでない
①文章理解が苦手	25.4	26.0	(51.4)	22.0	26.6
②勉強が全体に苦手	23.1	24.8	(47.9)	29.7	22.5
③特定科目が苦手	22.9	27.4	(50.3)	27.7	21.9
④字を書くのが苦手	17.9	19.8	(37.7)	30.5	31.8
⑤手先が不器用	13.3	20.5	(33.8)	31.7	34.5
⑥言葉の遅れ	18.0	21.1	(39.1)	15.0	45.9

に表1-13で見たように、特別支援学級に在籍している子が15.3％いる。

(2)人間関係の不器用さ

次に里子の「対人関係を築く力」を把握しようとした。まず大まかに、人間関係の不器用さの表現を用い、答えやすさを考えて、「最近の子どもは、人間関係が不器用で、『人とつながる力や、場の空気を読む力、相手の気持ちを察する力が弱い』と言われます。Aちゃんにも、こうした傾向を感じられますか」と聞いたのが、表1-19である。

表が示すように、全体としては肯定と否定がほぼ半々である。こうした場の空気を読む力、相手の気持ちを察する力は、人間関係のうえで重要な働きをすると思われる。里親との関係においてもむろんである。そうした関係の作りにくさから、のちに見ていくように、里親に「この子とは、気持ちが通

表1-19 （最近の子どもの傾向である）人間関係の不器用さが
Aちゃんにも感じられるか
(％)

とても その通り	少し その通り	あまり そうでない	全く そうでない
20.0	25.2	29.2	25.6

表1-20 人の気持ちへの鈍感さ
(％)

	とても その通り	少し その通り	(小計)	あまり そうでない	全く そうでない
①気づかずに気に障る言葉を言う	12.6	27.2	(39.8)	39.3	20.9
②相手の気持ちを察する力がない	11.8	26.5	(38.3)	37.2	24.5
③わざと気に障る言葉を言う	9.6	20.3	(29.9)	43.8	26.3
④人の気持ちを理解できない	8.8	21.3	(30.1)	40.7	29.1
⑤友だちといざこざを起こしがち	8.6	19.2	(27.8)	42.0	30.2
⑥人への思いやりがない	5.2	16.8	(22.0)	42.2	30.2

じ合わない」とする気持ちが生まれるのかもしれない（5章の表5-1参照）。

(3) 人の心に鈍感な子ども（「相手の気持ちを察する力」の乏しさ）

表1-19と関連して表1-20は、対人関係のうえで問題を起こしやすい傾向として、より具体的に「相手の気持ちを察する力」の強弱を聞いた。

これら6項目に「とてもその通り」とした数値は、前掲の大まかな「対人関係力」と比べると、どれも数値は低いが、しかし「少しその通り」を合わせた小計では、「①気づかずに気に障る言葉を言う」39.8％、「②相手の気持ちを察する力がない」38.3％、「④人の気持ちを理解できない」30.1％、「③わざと気に障る言葉を言う」29.9％、「⑤人への思いやりがない」22.0％など、人との関係を築くのに必要な力が乏しい傾向が見受けられる。結果として、「⑥友だちといざこざを起こしがち」(27.8％)な傾向が生じるのであろう。これも3章で見ていく里子との「気持ちの通じ合わなさ」の背景にある要因と思われる。

(4) 行動の不安定性（独特な行動）

表1-21は、ADHDをはじめ、広汎性発達障害等に近い傾向を見るために使用した項目で、発達障害のコアに近い行動とも言える。

表1-21 Aちゃんの不安定な（独特の）行動

(％)

	とてもその通り	少しその通り	（小計）	あまりそうでない	全くそうでない
①落ち着きがなく、集中できない	19.4	31.2	(50.6)	30.3	19.1
②マイペースで突発的に行動する	19.2	34.4	(53.6)	27.3	19.0
③情緒が不安定（パニック、キレやすい等）	18.4	29.3	(47.7)	26.7	25.6
④ふつうの子には考えられない行動をする	16.3	23.4	(39.7)	31.8	28.5
⑤何かのきっかけで、固まってしまう	14.4	27.7	(42.1)	29.4	28.5
⑥すぐ自分の世界にこもってしまう	10.7	24.9	(35.7)	35.6	28.7

6項目のそれぞれに「とてもその通り」とした数値は1割から2割。また「少しその通り」を合わせた小計の数値は、「②（行動が）マイペース」の53.6％を筆頭に、「①落ち着きがなく、集中できない」50.6％、「⑤何かのきっかけで、固まってしまう」42.1％、「⑥すぐ自分の世界にこもってしまう」35.7％と、どれもかなりの出現率を示す。広汎性発達障害やADHDなどに近い偏りをもつ子どもがある割合でいることが推定される。
　なお、これら子どもたちの特徴のある行動が、表1-17で里親が感じた被虐待体験下での成長の影響（虐待の影）なのか、それとも保護された後での不適応行動かは、生来的な要因も含めて不明である。

《引用・参考文献》
厚生労働省（平成28年1月）「社会的養護の現状について」報告書

2章

里親の養育困難の日々
──里親の疲労、虐待の跡と発達障害

深谷和子

前章の「里親と里子のプロフィール」に続いて、この章では里親の養育の日々を追っていく。すでに里親の7割が、里子の養育に大なり小なり苦労しており（表1-8）、時に養育返上を考えることもあったことを見てきた（表1-11）。

　里子たちの多くは、虐待環境から里親の下に来た子どもたちである。原因か結果かは別として、さまざまな行動上の偏り（発達障害）をもっている可能性を、前章の「里子とはどんな子か」の項で見てきたが（表1-18、表1-19、表1-20、表1-21）、そうした里子を委託された里親の日々はどのようなものか。前章に引き続き、全国調査の資料をもとに見ていく。

1. 養育の難しい里子を抱えた里親の精神的・身体的疲労（ワークストレス）

　里親たちが、精神的・身体的に疲労を重ねながら、里子を養育している日々を追ってみる。

　まず表2-1は、里親の体調（精神的・身体的疲労）を尋ねている。かなりの里親が種々の症状（トラブル）を抱えている様子が見受けられる。

　「しょっちゅうある」の数字を見ると、「首や肩がこる」は33.3％、「疲れがとれない」は21.8％、「朝、寝たりた感じがしない」は18.6％だが、「時々

表2-1　里親の疲労

(%)

	しょっちゅうある	時々ある	（小計）	めったにない	全くない
①首や肩がこる	33.3	38.3	(71.6)	11.5	16.5
②疲れがとれない	21.8	46.7	(68.5)	17.5	14.0
③朝、寝たりた感じがない	18.6	41.2	(59.8)	22.1	18.1
④もっと朗らかでいたい	15.0	34.3	(49.3)	27.3	23.4
⑤体がだるい	10.8	41.7	(52.5)	28.1	19.4
⑥イライラする	13.5	46.8	(60.3)	25.1	14.5
⑦何かするのが億劫	6.7	39.2	(45.9)	33.0	21.1
⑧気持ちがはずまない	5.7	35.1	(40.8)	36.2	23.1
⑨食欲がない	1.2	13.6	(14.8)	37.5	47.7

2章 里親の養育困難の日々

表1-8　Aちゃんは、育てにくい子か（再掲）　(%)

①育てるのが、ひどく難しい子	33.3
②育てるのが、ふつう位の難しさの子	40.3
③わりと育てやすい子	18.9
④とても育てやすい子	7.5

表2-2　里親の精神的・身体的不調×養育困難　(%)

	①首や肩がこる	②疲れがとれない	③朝、寝たりた感じがない	④もっと朗らかでいたい	⑤イライラする	⑥体がだるい	⑦何かするのが億劫	⑧気持ちがはずまない	⑨食欲がない	9項目の平均
ひどく困難	40.9	27.8	25.2	24.1	21.0	14.0	7.1	10.6	2.1	18.9
ふつう位に困難	30.8	19.3	16.0	12.0	11.2	9.0	6.3	2.8	0.3	12.0
わりと育てやすい	30.9	19.3	14.3	11.2	11.1	11.0	9.3	4.8	2.5	12.7
とても育てやすい	19.7	13.6	12.3	4.6	1.5	6.2	2.1	1.5	0.0	6.8

注　：4段階尺度のうち「しょっちゅうある」の中の割合を大きい順に並べた

①〜⑨のすべての項目で$p < 0.001$

ある」を含めると、5割を超える里親が身体的・精神的な不調を感じている。「⑨食欲がない」以外は、全体的にかなりの頻度で各種の症状を訴えている。その背後にあるのは、里子の「育てにくさ」（表1-8再掲）ではなかろうか。

次に、精神的・身体的疲労の諸症状（表2-1）と表1-8の養育の困難さとの関連を見ていく。まず表2-2は、「しょっちゅうある」の数字を用いた、里親の精神的・身体的不調感と養育困難との関連である。

養育困難の度合いと、これらの症状の「しょっちゅうある」割合との関連を見ると、「ひどく困難」群では、他の3群に比べて、「首や肩がこる」（40.9%）、「疲れがとれない」（27.8%）、「朝、寝たりた感じがしない」（25.2%）、「もっと朗らかでいたい（気持ちが朗らかでない）」（24.1%）、「イライラする」（21.0%）と不調感が強く、「とても育てやすい」群の数字と大差がある。ちなみに一番下の「とても育てやすい」群では、9項目中6項目で「しょっ

表2-3 疲労度（ストレス状況）によるグループ分け

		素点	比率
1	心身が不調	1～18	26.9%
2	普通	19～26	46.8%
3	平穏	27～36	26.3%

表2-4 養育困難×里親の心身の疲れ (%)

	ひどく難しい	ふつう位に難しい	わりと育てやすい	とても育てやすい	わりと・とても育てやすい（小計）
心身が不調	45.7	37.9	15.1	1.3	(16.4)
普通	29.6	44.7	19.4	6.3	(25.7)
平穏	26.0	37.9	20.4	15.7	(36.1)
全体	33.3	40.3	18.9	7.5	(26.4)

$p < 0.001$

ちゅうある」の数字は10％以下である。養育の難しい里子のいる里親のストレスフルな日々が見えてくる。

　続いて、こうした不調感を尺度化した。表2-1で、「しょっちゅうある」を4点、「時々ある」を3点、「めったにない」を2点、「全くない」を1点として、各サンプルの合計を算出し、精神的・身体的不調の程度を「心身が不調」（26.9％）、「普通」（46.8％）、「平穏」（26.3％）の3群に分け（表2-3）、グループごとに養育困難の度合いを見たのが表2-4である。

　表2-4が示すように、精神的・身体的な疲労感を強く感じている里親では、里子を「ひどく養育が難しい子」とする者が45.7％と突出している。他の2群の数字は3割以下である。「わりと・とても育てやすい子」の小計を見ると、「心身が不調」群で「育てやすい子」は16.4％しかいないが、「普通」群では25.7％、「平穏」群では36.1％と多くなっている。ひどく育てにくい子を育てている里親の疲労が見えてくる。

　次節では、里親にストレスをもたらしている「養育困難」な状況を、里子のもつ問題との関連でさらに見ていく。

2. 里子の中にある問題と養育困難

里子の中に、種々の行動上、性格上の偏りをもつ子が少なくない様子は、1章で見てきた。おそらくそうした種々の「偏り」が、里子の育てにくさ（養育困難）と結びついていると推察される。ここではまず、いくつかの「行動上の特徴」と「育てにくさ」の関連を検討し、さらに「人の気持ちへの鈍感さ」と「より大きい性格の偏り（不安定性）」について2つの尺度を作成し、それらと養育困難との関連を吟味していく。

1 虐待と養育困難

1章の表1-16で見たように、本サンプルの里子の7割は、大なり小なり虐待環境下にいた子であった。そうした過酷な体験と養育困難との関連をまず見てみる。

表2-5が示すように、養育が難しい子には8割近くに被虐待体験があるが、他の3群にも6割を超える体験があり、虐待と育てにくさの関連はそれほど顕著でない。多くの里子が虐待された体験をもっているので、程度の差はあっても、どの子も「育てにくい子」なのであろう。しかし、とりわけ育てにくい要素をもつのは、どんな子どもたちなのか。

表2-5 虐待の有無×養育困難 (%)

		虐待あり	虐待なし	不明
養育困難	ひどく難しい子	78.8	15.4	5.8
	ふつう位の難しさの子	67.2	25.2	7.6
	わりと育てやすい子	65.7	32.2	2.1
	とても育てやすい子	62.1	27.6	10.3
全体		70.3	23.4	6.3

表2-6 養育困難×成績 (%)

成績が	ひどく困難	ふつう位に困難	困難（小計）	わりと育てやすい	とても育てやすい
とてもよい	30.0	28.8	(58.8)	25.0	16.2
中の上	23.1	30.5	(53.6)	26.9	19.5
中ぐらい	26.5	42.8	(69.4)	21.4	9.3
中の下	42.1	39.5	(80.6)	12.6	5.8
下	43.0	41.9	(84.9)	13.6	1.5
全体	33.3	40.3	(73.6)	18.9	7.5

注： 数値は4段階尺度による「とてもその通り」の中の割合

②　学業成績と養育困難

1章の表1-15で里子の学校適応を見たが、表2-6は成績と養育の困難さとの関連である。成績を「とてもよい」から「下」までの5段階ごとに、養育の困難さを見ていく。「とてもよい」から「中ぐらい」までの比較的成績のよい3群は、養育困難の小計が6割前後だが、「中の下」は80.6%、「成績下」は84.9%で、ともに8割を超え、成績の悪い群の育てにくさは、他の3群を引き離して大きい。

ふつう成績と育てやすさとの関連は（学業以外の部分では）少ないと思われるが、里子の場合の成績のふるわない子の中には、ある割合で、LD傾向をもつ子が含まれ、また他の発達の偏りも複合しているのかもしれない。

③　LDに近い傾向と養育困難

表2-7は、LD傾向の子がもつ種々の特徴と養育困難との関連である。これらの項目に「とてもその通り」とした割合について、養育の困難さとの関連を見ている。

「①文章理解が苦手」の数字を見ると、「ひどく困難」群では、「とてもその通り」が33.7%いるが、育てにくさが減るにつれて数字は減少して23.6%、17.5%となり、「とても育てやすい」群で「文章理解が苦手」とす

表2-7 養育困難×Aちゃんの苦手な学習や発達の偏り (%)

養育の難しさ	ひどく困難	ふつう位に困難	困難（小計）	わりと育てやすい	とても育てやすい
①文章理解が苦手	33.7	23.6	(57.3)	17.5	5.3
②勉強が全体に苦手	31.6	22.0	(53.6)	13.3	2.6
③特定科目が苦手	29.9	22.3	(52.2)	16.7	10.5
④字を書くのが苦手	24.8	16.1	(40.9)	13.6	2.6
⑤手先が不器用	19.0	11.1	(30.1)	11.5	2.5
⑥言葉の遅れ	26.8	14.8	(41.6)	10.8	7.7
平均	27.6	18.3	(45.9)	13.9	5.2

注： 数値は4段階尺度による「とてもその通り」の中の割合

る者は、わずか5.3％である。「④字を書くのが苦手」でも同様で、「ひどく困難」群では、「とてもその通り」が24.8％いるが、16.1％、13.6％、2.6％と減っていく。「⑥言葉の遅れ」でも、26.8％、14.8％、10.8％、7.7％である。6つの項目のいずれも、「ひどく困難」群は「とてもその通り」の割合が他を引き離して大きい。これらLD傾向のある子は、他の偏りとも複合している可能性が考えられる。

4 「人間関係の不器用さ」と養育困難

ここからは、性格的側面の偏りと養育困難の関係を見ていく。まず1章で見た「人間関係の不器用さ」（表1-19再掲）と養育困難との関連が表2-8である。

表2-8が示すように、養育が「ひどく困難」群では、Aちゃんに人間関係が不器用（人とつながる力、場の空気を読む力、相手の気持ちを察する力が弱い）

表1-19 （最近の子どもの傾向である）人間関係の不器用さがAちゃんにも感じられるか（再掲） (%)

とてもその通り	少しその通り	あまりそうでない	全くそうでない
20.0	25.2	29.2	25.6

表2-8　人間関係の不器用さ×養育困難
(%)

人間関係の不器用さが感じられるか		とてもその通り	少しその通り	あまりそうでない	全くそうでない
養育困難	ひどく困難	45.2	29.6	18.3	7.0
	ふつう位に困難	10.4	30.8	35.4	23.4
	わりと育てやすい	4.1	14.5	37.2	44.2
	とても育てやすい	0.0	0.0	25.0	75.0
全体		20.0	25.2	29.2	25.6

と「とてもその通り」里親は45.2％と多いが、他の3群では、10.4％、4.1％と大きく減って、「とても育てやすい」群では0％である。人間関係が不器用な傾向は、里親との間でも当てはまると考えられ、里親との「心の通じ合い」にも影響していると考えられる。こうした養育過程での「心の通じ合い」の大切さは、3章で見ていくことにする。

5 「人の気持ちへの鈍感さ」と養育困難

表1-20（再掲）は、「人の気持ちへの鈍感さ（気持ちを察する力の乏しさ）」である。人間関係を築くには、まず相手の気持ちを「察する」ことが必要

表1-20　人の気持ちへの鈍感さ　（再掲）
(%)

	とてもその通り	少しその通り	(小計)	あまりそうでない	全くそうでない
①気づかずに気に障る言葉を言う	12.6	27.2	(39.8)	39.3	20.9
②相手の気持ちを察する力がない	11.8	26.5	(38.3)	37.2	24.5
③わざと気に障る言葉を言う	9.6	20.3	(29.9)	43.8	26.3
④人の気持ちを理解できない	8.8	21.3	(30.1)	40.7	29.1
⑤友だちといざこざを起こしがち	8.6	19.2	(27.8)	42.0	30.2
⑥人への思いやりがない	5.2	16.8	(22.0)	42.2	30.2

で、そのうえに相手との良好なコミュニケーションが生まれる。ここに示した①から⑥はその「察しの力」の有無を尋ねている。そうした力が乏しいと、「⑤友だちといざこざを起こしがち」にもなるであろう。里親との関係形成も同様であろう。

表2-9は「人の気持ちへの鈍感さ（気持ちを察する力の乏しさ）」と養育困難との関係である。どの項目も「とてもその通り」の割合は、養育が「ひどく困難」群で、他を引き離して高い。「ふつう位に困難」から「わりと・とても育てやすい」までの3群での数字は、1割を切って5％以下である。養育がひどく難しい子とは、人の気持ち（むろん「里親」にも）敏感でない子、「察しの力」の乏しい子なのであろう。それがしばしば「養育が難しい子」となり、里親の養育意欲の減退につながっていくのではなかろうか。

ここで、表1-20の項目を使って尺度化を試みる。「とてもその通り」を4点、「少しその通り」を3点、「あまりそうでない」を2点、「全くそうでない」を1点として、各サンプルの得点を合計し、「上位（ひどく鈍感）」群、「中間（やや鈍感）」群、「下位（ふつう）」群の3群に分けたのが、表2-10である。

表2-9　人の気持ちへの鈍感さ×養育困難
(%)

	気づかずに気に障る言葉を言う	相手の気持ちを察する力がない	わざと気に障る言葉を言う	人の気持ちを理解できない	友だちといざこざを起こしがち	人への思いやりがない	6項目の平均
ひどく困難	29.1	25.7	23.4	20.9	22.0	11.6	22.1
ふつう位に困難	5.9	6.7	3.7	3.1	2.7	2.8	4.2
わりと育てやすい	3.6	2.3	2.4	2.9	1.3	1.3	2.3
とても育てやすい	0.0	0.0	0.0	1.6	0.0	0.0	0.3
全体	12.6	11.8	9.6	8.8	8.6	5.2	9.4

注：　数値は4段階尺度による「とてもその通り」の中の割合　　　　いずれの項目も$p<0.001$

表2-10　人の気持ちへの鈍感さの尺度化

	類型	素点のレンジ	比率
1	ひどく鈍感	6～13	25.3%
2	やや鈍感	14～19	46.8%
3	ふつう	20～24	27.9%

表 2-11　虐待の影×相手の気持ちへの鈍感さ　(%)

	とても感じた	少し感じた	全くない
ひどく鈍感	57.1	29.8	13.1
やや鈍感	24.9	45.8	29.3
ふつう	17.3	35.3	47.4
全体	32.3	38.8	28.9

$p < 0.001$

表 2-12　気持ちの通じ合い×人の気持ちへの鈍感さ　(%)

	どうしても通じない	時々通じることも	通じない（小計）	わりと通じる	とても通じる
ひどく鈍感	18.1	52.4	70.5	22.9	6.6
やや鈍感	3.3	33.3	36.6	47.9	15.6
ふつう	0.4	12.4	12.8	36.7	50.6
全体	6.0	31.7	37.7	38.4	23.9

$p < 0.001$

表 2-13　養育困難×人の気持ちへの鈍感さ　(%)

	ひどく困難	ふつう位に困難	わりと育てやすい	とても育てやすい
ひどく鈍感	68.0	24.6	7.5	0.0
やや鈍感	29.6	50.7	16.9	2.8
ふつう	9.8	36.9	32.9	20.4
全体	33.3	40.3	18.9	7.5

$p < 0.001$

　次にこの3群について、里親が感じた「虐待の影」（表1-17）の有無を見てみる。表2-11が示すように、人の気持ちに「ひどく鈍感」な群は、「（虐待の影を）とても感じた」とした里親が57.1％と他を引き離して高い。これが、虐待環境下の成長のひずみによるものなのか、そうした鈍感さが実親の虐待行為を引き起こしたのか、あるいはその両方なのかは不明であるが。
　表2-12は、気持ちの通じ合いとの関連である。表が示すように、「ひどく鈍感」な群の里子には、里親が「どうしても（気持ちが）通じない」とす

る割合が18.1％と他を引き離して多い。「中間（やや鈍感）」群と「下位（ふつう）」群は、3.3％と0.4％でしかない。人の気持ちに鈍感な子は、里親とも気持ちを通わせにくく、里親との関係もできにくく、養育困難感を生むと考えられる。

次にその点を確かめてみる。

表2-13は、養育困難との関連である。人の気持ちに「ひどく鈍感」な群の子については、養育困難を感じる里親が68％、他の2群は、29.6％、9.8％と大きな差がある。

のちに見ていくように、里親との関係が成立するかどうかが、養育を継続するか、返上を考えるかのカギになるとすれば、こうした人の気持ちへの鈍感さ、人の心の「察しの力」の乏しさにどう対応すればいいかが、支援上の課題になると思われる。

6 「不安定性」(やや大きな性格の偏り)と養育困難

発達障害と称される性格の偏りは、軽度のものから重度のものまで多様である。また、ADHDやLDのようにわかりやすい偏りもあるが、序章の図0-1（厚労省による）にあるように、広汎性発達障害（自閉症、アスペルガー症候群）とカテゴライズされている、やや重い偏りもある。図0-1によれば、自閉症は「言葉の発達の遅れ、コミュニケーションの障害、対人関係・社会性の障害、パターン化した行動、こだわり」が特徴とされ、アスペルガー症候群は「コミュニケーションの障害、対人関係・社会性の障害、パターン化した行動、興味・関心のかたより、不器用（言語発達に比べて）」と記述されている。こうした障害に近縁の子どもたちの存在を、多少とも、アンケートの項目から推定できないかと考えた。こうしたやや重度な発達の偏りをもつ子を委託されているとすれば、その養育はしばしば里親の手に余るのではなかろうか。

親の不適切な養育下から児相に保護された後で、どのような子どもが里親に委託されるのか。面接調査で、家庭養育の限界を超えるような大きな偏りのある子どもが里親家庭に委託されている事例に出合うことがある。こうし

た子どもは、専門家による養育にゆだねるべきであるという声も多く、里親に委託するにしても、（養育のスペシャリストの資質をもつ）「専門里親」への委託や専門家による十分な支援がとりわけ必要ではなかろうか。

　まず、とりわけ難しい里子を委託されている里親の現状を探ってみる。

　表1-21（再掲）は里子の行動の不安定性（独特な行動）を見ようとした項目であり、表2-14は、それと虐待の有無との関連である。

　表が示すように、虐待環境下にあった群の里子は6項目のすべてで、虐待を体験しなかった里子より数値が大きい。とりわけ、「①落ち着きがない」「②行動がマイペース」「③情緒が不安定」「④（普通の子には）考えられない行動」群では差が大きい。しかし、すでに1章で指摘したように、虐待の有無について児相から詳しく説明がなかった場合もあり、（虐待があったかどうか）不明のグループの内容次第では、差はもっと開くかもしれない。

　表2-15では育てにくさとの関連を見ている。ここでも、これらの6種類の行動（不安定さ）と育てにくさ（養育困難）には、大きな関連がある。

　「不安定性」と仮に名付けたこれらの項目が、やや重い性格的偏り（発達障害）をもつ子をどの程度適切に捉えているかは別として、少なくとも表で見る限り、「とても育てやすい」群では、これらの行動の出現率（とてもその通り）はほとんどゼロに近い。「ひどく困難」群に、「とてもその通り」とする数値は、「③情緒が不安定」42.4％、「②行動がマイペース」42.3％、「④（普通の子には）考えられない行動」41.8％、と40％を超え、また、「①落ち着きがない」37.3％、「⑤固まってしまう」27.8％、「⑥すぐ自分の世界に（こもってしまう）」も26.9％である。6項目とも、「ふつう位に困難」「わりと育てやすい」「とても育てやすい」群と大差である。

　次に、ここでも「人の気持ちへの鈍感さ」同様に、表1-21の項目を使って「不安定性」を尺度化してみる。「とてもその通り」を4点、「少しその通り」を3点、「あまりそうでない」を2点、「全くそうでない」を1点とし、各サンプルの得点を合計して、「上位（ひどく不安定）」群（27.0％）、「中間（やや不安定）」群（43.6％）、「下位（安定）」群（29.4％）としたのが、表2-16である。

　この尺度を使って、虐待の有無との関連を見たのが表2-17である。

表1-21 Aちゃんの不安定な（独特の）行動（再掲） (%)

	とても その通り	少し その通り	（小計）	あまり そうでない	全く そうでない
①落ち着きがなく、集中できない	19.4	31.2	(50.6)	30.3	19.1
②マイペースで突発的に行動する	19.2	34.4	(53.6)	27.3	19.0
③情緒が不安定（パニック、キレやすい等）	18.4	29.3	(47.7)	26.7	25.6
④ふつうの子には考えられない行動をする	16.3	23.4	(39.7)	31.8	28.5
⑤何かのきっかけで、固まってしまう	14.4	27.7	(42.1)	29.4	28.5
⑥すぐ自分の世界にこもってしまう	10.7	24.9	(35.7)	35.6	28.7

表2-14 行動の不安定性×虐待の有無 (%)

	①落ち着きがない	②行動がマイペース	③情緒が不安定	④考えられない行動	⑤固まってしまう	⑦すぐ自分の世界に	6項目平均
虐待あり	23.5	22.9	22.8	20.2	16.8	12.2	19.7
虐待なし	9.6	15.1	10.3	9.4	12.8	5.7	10.5
不明	19.1	21.7	17.0	12.8	10.4	10.6	15.3

注： 数値は4段階尺度による「とてもその通り」の中の割合

表2-15 養育困難×行動の不安定性（独特な行動） (%)

	ひどく困難	ふつう位に困難	わりと育てやすい	とても育てやすい
①落ち着きがない	37.3	13.4	6.4	0.0
②行動がマイペース	42.3	11.2	4.7	0.0
③情緒が不安定	42.4	6.7	3.5	1.6
④考えられない行動	41.8	4.4	2.9	0.0
⑤固まってしまう	27.8	9.8	4.7	3.2
⑥すぐ自分の世界に	26.9	4.6	0.8	0.0
6項目の平均	36.4	8.4	3.7	0.8

注： 数値は4段階尺度による「とてもその通り」の中の割合　　　すべての項目でp＜0.001

表2-16 不安定性の尺度化

		素点	比率
1	ひどく不安定	6～12	27.0%
2	やや不安定	13～18	43.6%
3	安定	19～24	29.4%

表2-17 虐待の有無×不安定性 (%)

	虐待あり	虐待なし	不明
ひどく不安定	80.1	14.7	5.2
やや不安定	70.1	22.8	7.2
安定	63.1	31.2	5.6
全体	70.3	23.4	6.3

$p < 0.001$

表2-18 人間関係が不器用×不安定性 (%)

	とても その通り	少し その通り	あまり そうでない	全く そうでない
ひどく不安定	53.4	30.1	11.2	5.2
やや不安定	12.7	32.5	38.7	16.1
安定	1.1	10.2	31.4	57.3
全体	20.0	25.2	29.2	25.6

$p < 0.001$

　表が示すように、行動の「不安定性」と虐待を受けたかどうかには密接な関連が見られる。

　また、先の「人間関係の不器用さ」（1章の表1-19）との関連を見たのが表2-18である。ここでも、里親に「人間関係が不器用」とされた子は、行動が「ひどく不安定」で、発達障害を疑わせる子が含まれている可能性が考えられる。

　表2-19は、気持ちの通じ合いと不安定性の関連である。表が示すように、「ひどく不安定」な行動をする子には、「どうしても（気持ちが）通じない」とする里親が12％と多い。そして、表2-20に見るように、「ひどく不安定」

表2-19　気持の通じ合い×不安定性
(%)

	どうしても通じない	通じないことがある	通じない（小計）	わりと通じる	とても通じる
ひどく不安定	12.0	46.5	(58.5)	29.9	11.6
やや不安定	5.3	35.6	(40.9)	41.1	18.0
安定	2.2	14.6	(16.8)	41.6	41.6
全体	6.0	31.7	(37.7)	38.4	23.9

$p < 0.001$

表2-20　養育困難×不安定性
(%)

	ひどく困難	ふつう位に困難	わりと育てやすい	とても育てやすい
ひどく不安定	71.9	23.1	5.0	0.0
やや不安定	27.3	53.3	16.9	2.5
安定	8.1	38.0	34.3	19.6
全体	33.3	40.3	18.9	7.5

$p < 0.001$

表2-21　養育返上×不安定性
(%)

	真剣に考えた	何回か考えた	考えた（小計）	ほとんどない	全くない
ひどく不安定	17.1	31.5	(48.6)	19.5	31.9
やや不安定	5.7	24.1	(29.8)	19.5	50.7
安定	2.5	10.5	(13.0)	13.5	73.5
全体	7.7	21.9	(28.7)	17.4	53.0

$p < 0.001$

群の子どもには、7割を超える里親が「（養育が）ひどく困難」と言っている。

さらに、表2-21を見ると、「ひどく不安定」群の里子には、1章の表1-11で見た「返上を考えたことのある里親」（小計）が5割近くいる。

3. 養育困難と里子のそれまでの環境

里親と面接する中で、しばしば「里子を乳児（幼児）から預かりたい。早

ければ早いほどいい」との声を聞く。他の環境で性格がゆがんだり、教育の不足や不全があってからではなく、人としてまっさらなうちに預かりたいとする声である。たしかに赤ん坊のうちに委託されたら、子どもは自己主張もそれほどせず、新しい環境やしつけにも適応し、育てる側が扱いやすいと誰もが考える。全国里親会の調査（平成23年）集計表でも、①障害のない子と、②低年齢（さらには乳児の委託）、③女児を委託してほしい、とする声が里親の共通の希望であった（p21）。

　これに関連して、面接時に聞いたあるエピソードを思い出す。首都圏に近いA市では、市の乳児院が老朽化したので乳児院を閉鎖し、建て替えるまで2年弱の空白の時期があった。その間は乳児を預かる施設がないので、児童相談所の担当者が懸命に里親探しをして、その日のうちに子どもは里親の家に預けられていった。情報も十分でない委託だったので緊張感はあったが、どの里親の下でも、乳幼児の養育は順調に進んだという。2年後に乳児院が新設され、乳幼児は施設で預かるのが原則となった。それ以後は施設が満員のときだけ、里親への乳児の委託があるという。ある里親は、「里親にとっては、非常にやりにくい制度になったように思います。施設を作れば定員を満たすことが至上命令で、子どもの側の利益、里親の側の利益などは二の次にされます。乳児院に置いて、子どもを育てにくくしてから、里親に委託されるようになってしまったのです」と。この声には一理も二理もあるように思われる。しかし、児相側としては、乳児の段階で里親へ子どもを委託することには、養育能力の点で危惧もあるという。

　その点ともかかわって、表2-22では委託時の里子の年齢と育てにくさの関連を見ている。

　有意差は見られるが、数字上では委託時の年齢との関連はそれほど顕著ではない。「とても育てやすい」子が、乳児の場合12.2％と突出しているが、「困難」の小計を見ると、どの年齢段階でも大きな違いはない。幼児から中学生以上まで、ほぼどれも70％台である。実子の場合でも、第1・第2反抗期では子どもの扱いに手を焼くし、里子の中には発達の偏り（発達障害）をもつ子がある割合で含まれていることを考えると、委託時年齢と養育困難との関連は、「乳幼児期からの委託を」という声を上げなければならないほど

表 2-22　養育困難×委託時年齢　(%)

	ひどく困難	ふつう位に困難	困難(小計)	わりと育てやすい	とても育てやすい
乳児	26.5	43.4	(69.9)	18.0	12.2
幼児	36.0	38.9	(74.9)	20.1	5.0
小学校低学年	41.2	37.8	(79.0)	16.8	4.2
小学校高学年	42.6	36.8	(79.4)	19.1	1.5
中学生以上	36.7	38.3	(75.0)	21.7	3.3
全体	33.3	40.3	(73.6)	18.9	7.5

$p < 0.05$

には、密接でないようにも思われる。

　しかし「親」とは、子どもとの間の血のつながり、心のつながりに支えられて、子育ての過程のさまざまな困難を、それほどとは感じない人たちではなかろうか。里親の場合は、「里子の実親になろう」とする努力があって、養育困難が発生すると、「実子だったら、また、せめて乳児期からの委託であれば、お互いに気持ちも通い、自分のしつけ（指示）にしたがってくれるだろうに」と思う部分も大きいのではなかろうか。むろん早期の里親委託のほうが、施設等の集団的環境の中での仲間との競争や比較による不安定感や愛着形成の問題などが生じない点で、発達上のダメージは少ないとも思われる。

　先に紹介した里親の声にあったように、児童養護施設は公的な機関である以上、充足率が問われる。充足率が低い施設は閉鎖、あるいは規模の縮小につながっていく。それだけに、高い充足率を確保しようと関係者は努力する。子どものウエルビーイングは二の次にされやすくなる。A市ではたまたま建て替えの時期にあって問題が表面化したが、多くの自治体では充足率を充たすのが、施設存続のための至上命令かもしれない。乳児院に空きがあるのに、里親の要望に沿って子どもを里親に預けるのは、行政サイドとして勇気のいる措置かもしれない。現状を見ると、里親の希望者はかなり多く、ウエイティングリストは一杯なのに、いくら待っても里子を委託されず、失望して里親希望を取り下げる事例がそこここに見られる。にもかかわらず、毎年児相に「里親募集」のポスターが貼り出されるのは腑に落ちないという里

親の声も聞かれる。むろん背後には、実親が子どもを里親に預けたがらないという事情もある。

 ある養護施設で働く職員は、養護施設アンケート調査の中でこう述べている（7章参照）。家庭的養護の中でのメリットは、「安心安全、そしてあたりまえの生活のできる生活の場であること。（施設のように）職員は交替勤務であるべきでない」。

 どの子も、家庭的・個人的な環境の中で養育され、（集団的成長の場である）養護施設は閑古鳥が鳴く状態というのが、社会的な養護の理想ではなかろうか。

 表2-23では、「里子がどこから来たか」と養育困難の関連を見ている。

 乳児院から来た子が「（養育が）ひどく困難」である割合は26.7％と少なく、乳児院を経由して児童養護施設から来た子は39.3％、児童養護施設から来た子は41.4％で、数字には大差がある。しかし、この差は、子どもが来た場所の問題というより、児童養護施設よりも乳児院から来た子どものほうが年齢が低いため、養育に困難が少ないことによるものであろう。

 しかし、実親の家庭（35.0％）、親戚の家庭（30.2％）から来た子の場合も、養育困難の数字は決して少なくない。集団的養育の環境ではないが、それらの家庭に、施設にはない虐待行為やネグレクトがあった場合も考えられ、そのために数字が思ったほど変わらないのかもしれない。

 次に表2-24では、養育困難と養育期間との関連を見ている。

 養育困難は、委託された直後は「ひどく困難」が39.7％と最大だが、2～3年後と4～5年後は30.7％とやや低下している。

 その後、時間がたてば、さらに養育しやすくなるのだろうか。しかし表（小計）が示すように、「4～5年」が74.5％、「6～9年」が78.1％と、数値はむしろ高まっている。受け入れたときの里子の年齢にもよるが、小学生の時期での委託の場合、数年たつと思春期を迎えて、第2反抗期に入る。通常の家族でも、親子関係に葛藤や反目、衝突などが見られる年齢である。まして、里子の場合、思春期の里子の扱い方は、いっそう難しさが増すであろう。いずれにせよ、養育期間が長くなるにつれ、里子が里親に慣れ、（里）親子関係がよくなるわけではなさそうである。

表2-23　養育困難×里子がどこから来たか　(%)

	ひどく困難	ふつう位に困難	わりと育てやすい	とても育てやすい
乳児院から	26.7	44.6	18.2	10.6
乳児院＋児童養護施設	39.3	34.0	20.7	6.0
児童養護施設から	41.4	37.1	17.1	4.3
実親の家庭	35.0	39.4	19.7	5.8
親戚から	30.2	38.1	23.8	7.9
その他	36.7	43.3	11.7	8.3
全体	33.3	40.3	18.9	7.5

表2-24　養育困難×養育期間　(%)

	ひどく困難	ふつう位に困難	困難（小計）	わりと育てやすい	とても育てやすい
1年	39.7	39.0	(78.7)	17.6	3.7
2～3年	30.7	42.0	(72.7)	19.8	7.5
4～5年	30.7	43.8	(74.5)	16.3	9.2
6～9年	38.5	39.6	(78.1)	13.6	8.3
10年以上	35.5	41.3	(76.8)	18.1	5.1
全体	33.3	40.3	(73.6)	18.9	7.5

　これまで見てきたように、里子は種々の点で養育の難しい子どもである。乳幼児を預かる場合はそれほどではないようだが、小学生以降の里子には、里親の半数近くが養育に手こずっている。しかも、歳月を経過しても養育の難しさは軽減せず、苦労が続く。もちろん里親になじみ、実の親子のように穏やかに暮らしている事例にも、面接調査の際に数多く出合った。しかしこれまで見てきたデータからは、そうした事例は決して一般的ではないことがわかる。里親には、さまざまな角度からの、より手厚い社会的支援が必要であろう。

《引用・参考文献》
全国児童相談所長会（平成23年7月）「児童相談所における里親委託及び遺棄児童に関する調査報告書」

3章

戸惑う里子たち
──里親の家に来たときの子どもの姿

深谷和子

2章では、里親に家にやってきた子どもの姿に当惑し、精神的・身体的に疲労を重ねながら、それでも懸命に養育している里親の姿を見てきた。では次に、里親の目に映った里子たちの姿を見てゆく。

はじめに

1 里子文化の違い

　里親になろうとする人の数は、日本ではまだ少ない。1章の表1-7では里親を志願した動機を聞いたが、「親の保護がない子の成長に役立ちたい」が57.4％と1位に、「子育てが一段落したので、他の仕事より意味があると思って」が22.6％と3位にきているものの、複数選択なので、実は2位の「実子がない（できれば養子が欲しくて）」（36.1％）という動機が、多くの人の背後にあるのではなかろうか。今回のアンケート調査に協力を得られた里親（1,024名）に限定しても、実子のいない者が43％もおり（表1-6）、里子を希望してウエイティングリストに載っている人々にまで範囲を広げれば、「実子に恵まれなくて、実子の代わりに」が、日本で里親を志願する人々の本音に近い動機ではなかろうか。

　西欧諸国、例えばアメリカの家庭を訪問すると、来客を歓迎して、目の色、髪の色、皮膚の色がばらばらな子たちが、ぞろぞろと出てきたりする。どの子も里子である。誰が見たって、むろん里子自身も、みな里子だとわかっている。不審な顔をしている筆者たちに、友人は「みんな里子（ADOPTED）です」と子どもたちの前で言うのだから、さらに驚いた記憶がある。日本では、里親は来客に、また外部の人々に「ハーイ、この子たちは里子です！」などとは絶対に言わない。必死で里子を実子のように思わせようとする。日本には、里子を育てている人々を奇異な目で見る「世間」がある。アメリカでは著名人や映画俳優などが、競って「里親をしている」ことをPRしたりする。宗教的な背景があっての社会的貢献、慈善が大好きなアメリカ人とその文化の象徴であろうが。むろん、貧民層などでは労働力とし

て里子を引き取る家庭もあるという。

2 ミオよ わたしのミオ

　児童文学で里子を扱った物語1つに、リンドグレーンの『ミオよ わたしのミオ』(大塚雄三訳：2001) がある。舞台はストックホルムで、1歳から孤児院で育ったボッセ（ミオ）は、実は「はるかな国」の国王が探していたミオ王子だった。孤児院からミオをもらってきた養父母は、本当は女の子を引き取りたかったのに、運悪くその日は男の子しか、もらえる子がいなかった。その当時、社会的養護とか子ども福祉の概念は乏しくて、孤児たちを引き取って、働き手として食事とベッドを与えるくらいにしか考えなかった人々が多かったのではなかろうか。家事を手伝わせる女の子でなければ役に立たず、ミオは今で言う「虐待下に置かれた子ども」であった。

　「お前がうちに来た日こそ、ふしあわせな日だったよ」「おい、おまえ、おれの目につかないところに、いっちまえ！」(同書 p11) 養父にたびたび言われて、ミオはつらい日々を送る。ミオはたびたび親友のベンカの家に行く。そこには温かい両親がいる家族があった。ミオは灯りのついた窓を見て、「今、ベンカはあの家にいて、おとうさんやおかあさんといっしょに、豆やパンケーキを食べているのです。あかりの光っているところでは、どこでも、ここでも、子どもたちが自分のおとうさんやおかあさんといっしょにいるんだ、って。ぼくだけが、こんな、家の外の暗闇に座っているのでした。1人ぼっちで」(同書 p17)。

　それに比べれば今の時代は、親の養育を受けられない子たちは、児童養護施設にせよ里親の家にせよ、人々の十分な保護の下で育つ。とりわけ里親の家庭に引き取られた子どもは、里親の熱い心に迎えられる。

　本章では、全国の里親たちが調査票の自由記述欄に書き込んだ中から、里子とともに暮らし始めた当初、里親たちの目に入ってきた里子の姿を拾い上げていく。

　里子を迎えるとき、里親には期待と緊張があると思われるが、里子も、今までとまったく違った環境、今までに出会ったことのない（優しい）人々を

前にして、出会いの瞬間から、里親以上に当惑し、混乱し、自分の身の置き場を探していることだろう。

　里子が安心と安全な世界を確認するには、しばらくの時間が必要と思われる。自分の居場所を見つけるまでに見せる里子の行動は、事前に里親研修で学習してきたつもりの里親にも、驚きの連続ではなかろうか。こうした里子の心の世界を十分に理解してやることが、その後の日々を、双方にとってよきものにするのではなかろうか。

3 里子の「内的な世界」への接近

　育てる側として、違う世界からやってきた里子のさまざまな行動を、外側からも、またその内的な世界をもより深く理解するためには、どうしたらいいのだろう。序章（イントロダクション）では、里子に「寄り添う支援」が必要なこと、そのためには里子の内的な世界にできるだけ近づいて、その世界を理解しようとすることが大切だと記したが、本章と次の4章では、里親の自由記述欄への書き込みから、里子の心の世界をできるだけ克明に描き出そうとする。その姿は「里子の住む心の世界」への理解を深め、里子のする行動の意味を多少とも理解するのに役立つのではなかろうか。

1. 戸惑いの中にいる里子の姿──21件の事例から

　里子たちが、里親との出会いのはじめにしばしば見せる姿は、心理学で退行（regression）と名付けられている行為、またそれに近接した行動である。ここで紹介する各事例の事例番号の次にはサンプル番号を、その次には①〜④で養育困難の度合いを示した（①がもっとも養育困難）。

1 退行（赤ちゃん返り）——乳を探る、赤ちゃん言葉を使う、「だっこ」をせがむ、わがままにふるまう

　里親の家に来たはじめの頃に、しばしば起こす退行（赤ちゃん返り）の姿を、里親が調査票に書き込んだものから拾い出し、里親の家に来た年齢順に並べた（なお事例番号の後のカッコ内の数字はサンプル番号である）。

　低年齢の里子は、里親の家庭に来た当初に、児相用語で「赤ちゃん返り」と呼ばれる行動を起こすことが知られている。やや高年齢の子も、新しい環境にあって、里親の反応を試すかのように、それまで見せなかったような、幼い段階に戻ったかのような行動を起こすことがある。これは児相用語で「試し行動」と名付けられているが、はたして里親の反応を見極めるための行動なのか、自分のいる環境の安全を確認する行動なのか、自由度の高い環境に置かれて、それまで押さえていたうっぷんを晴らしているのか、それとも環境への不適応を意味する行動なのか。初期に見せる、こうした単純な「退行」や環境の「探索行動」は次第に収まっていくが、その中で何らかの「意味をもつ行動」は比較的長期間続くようである。

　「退行」に当てはまる行動としては、①「赤ちゃん返り」の言葉通り、自分が体験できなかった幸せな母と子の関係を、再体験・追体験しようとするかのような行動と、②今まで抑制していた（させられていた）欲求を充足させようとするかのような荒っぽい行動がある。事前の里親研修での予備知識はあっただろうが、里親として通過しなければならない第一関門であろう。

　退行的な行動をすぐ始める子（事例1、事例2、事例3、事例6、事例9）もいるが、1週間、半月、1か月ぐらいしてから始まるケース（事例8、事例10、事例14、事例15）や、半年もたってから始まる場合（事例11、事例12）もある。多くは何か月かで終わるが、中には事例4のように、2歳で乳児院から来て8歳5か月の現在まで6年近くも続いている子や、3～4年続いたケースもある。退行については、研修等で予備知識を得てきているはずだが、事例10のように、考えていた養子縁組を断念した里親もいる。

　これらのケースは、事例8、事例14を除いて、すべて乳児院や児童養護施設から来た子である。集団の中での早期の成長が、いかに子どもの安定感

を損なうかが見えてくる。

《事例1》（*831）　③わりと育てやすい子
男子　2歳のとき乳児院から来た。すぐ始まり、4歳4か月の現在まで続く。
「哺乳瓶で飲み物を飲む、歯固めを買ってほしいとせがみ、くちゅ、くちゅしていたが、最近は、ご飯を食べさせてもらったり、歯磨きをしてもらって、満足している」

《事例2》（*586）　②育てるのがふつう位に難しい子
男子　2歳のとき乳児院から来た。すぐ始まって、6か月ぐらい続いた。
「コップに入ったジュースなど、里母の顔を見て、わざと床やジュータンに撒き散らす。思い通りにならないと、里母を叩く。『赤ちゃん』していて、抱きついて、オッパイを飲む真似をする。（来てからまだ期間が短い）」

《事例3》（*58）　①育てるのがひどく難しい子　診断は受けていないが発達障害的な特徴をもつ
女子　2歳のとき乳児院から来た。翌日から1年間ぐらい続いた。
「翌日から2足歩行をしなくなり、はいはいや抱っこをせがむ。トイレの中まで、里母の後追い。固形物は噛んだ後吐き出して、1カ月ほどは離乳食。その後、夜驚、夜泣き」

《事例4》（*804）　②
男子　2歳のとき乳児院から来た。
「来た時から8歳5か月の現在まで6年近くも、赤ちゃん状態（赤ちゃん願望）がずっと続いている感じがします。指しゃぶり、泣きわめき、おねしょなど」

《事例5》（*145）　①
男子　4歳のとき児童養護施設から来た。1か月ぐらいから1年ぐらい続いた。

「お風呂に入っていると、お乳を触ったり、嚙んだりで驚きました。この子はお乳を吸うことも知らないのではと、お乳を吸うことを教えました。誰の服にも手を入れて、おっぱいもみを始めたりしました」

《事例6》（*814）③
女子　4歳のとき乳児院から来た。すぐ始まり、4か月になる今も続いている。
「『赤ちゃんと呼んで』と言う。そして、バブーと赤ちゃんになって、はいはいをしたり、『おっぱい』と言って、胸に顔を埋めたりする。疲れると赤ちゃん言葉になる。食卓では、得意でないものは、『食べさせて』と言ってくる」

《事例7》（*053）②
女子　4歳のとき児童養護施設から来た。すぐ始まって現在（7歳）も。
「とにかく『おっぱい、おっぱい』と言って、触ったり、キスしたりする。自分のことを『ブブーちゃん』と言う。5歳半まで、毎日里母の股の匂いをかいだり、頭を埋めようとしたり、舐めようとしたりする。時どき、食事を口に入れてやらないと、食べなくなる。やたらにだっこされたがる。外ではお姉さんぽいらしい」

《事例8》（*868）③
男子　4歳のとき実親の家庭から来た。1か月から始まり、1年ぐらいまで続いた。
「『ご飯いらない、お菓子を食べる』と言う。夜1人で寝ると言う。赤ちゃんごっこをする。1人で脱げない、着られない、家ではウンチを1人でやらない」

《事例9》（*106）①
男子　5歳のとき乳児院を経て児童養護施設から来た。すぐ始まり、7か月ぐらい続いた。

「気に入ったぬいぐるみを抱いて、赤ちゃん言葉をつかう。里母と寝ないとだめ。外から帰ると、必ず大声で、里母を探す」

《事例10》(*894) ①
女子　6歳のとき乳児院・児童養護施設から来た。1か月ぐらいから始まり、1年間ぐらい続いた。
「家事で忙しく、相手になってやらないと、吹き抜けから2階に上がり、片足を垂らした。雨で友だちと遊べなかったり、思い通りにならないと、里母や里父を叩いたり、けったりする。『右側に置いて』と言うと左に置いたり、好きでない食べ物を『おいしい、おいしい』などと言う。里母の服に潜って、首から顔を出し、生まれると言う。『バブバブ遊び』をし、やたらに『おんぶ、抱っこ』と言う。委託されて、初めは養子にほしかったが、今はそう思わない」

《事例11》(*846) ①
男子　6歳のとき児童養護施設から来た。6か月ぐらいしてから始まり、4年間続いている。
「手で何でも食べる。5年生の中ごろまで一人で寝られず、添い寝をした。4年生までトイレでお尻を拭いてあげたり、おしっこの時チンチンをもってあげた」

《事例12》(*087) ①
男子　6歳のとき児童養護施設から来た。6か月ぐらいから始まって3年間ぐらい続いた。
「里母の胸を触り『ふにゃ、ふにゃ』と言う。『おんぶ』『だっこ』を繰り返し言う」

《事例13》(*794) ①
女子　7歳のとき児童養護施設から来た。すぐ始まり、現在10歳だがまだ続いている。

「自分でやりたくない時は、全く赤ちゃんと同じ行動をくり返す。歩かない、しゃべらない、聞かない、泣き叫ぶだけ。おなかにタオルを入れて、妊婦の真似をする。出産のシーンも繰り返す」

《事例14》(*223) ①
女子　7歳のとき実親の家庭から来た。1週間から始まり、3年ぐらい続いた。
「自分のことは何でもできる子だと聞いていたが、気替えを全くしなくなった。下着をつけるときは、あかちゃんのように着替えさせた」

《事例15》(*843) ①
男子　7歳のとき乳児院を経て児童養護施設から来た。半月ぐらいから始まり、半年ぐらい続いた。
「おねしょ、指しゃぶり、ひとりで出来るのに『着せて、ぬがせて』『こちょこちょして』を1時間位せがむ。『ぬいぐるみと自分とどっちがかわいい？』と焼きもちを焼き、今でも、本当に焼きもちを焼きます。委託後しばらくは、命を軽視する言葉をよく使い、『綺麗な花ね』と指さすと、その花を踏みつけたりした」

2 探索と反発（試し行動）——いらだち、暴れる、反抗

　乳幼児期への退行と見ていいのか、それともいわゆる試し行動か、環境不適応を示す行動かは不明だが、いらだち、反抗などの行動が見られることもある。これらも、事例19、事例21を除いて、乳児院・児童養護施設から来た子である。多くは一定期間の後に収束するようだが、その後も、ひどく育てにくい子であり続けるケース（事例19、事例20、事例21、事例23、事例24）と、それほどではない子（事例16、事例17、事例18、事例22）がいる。

《事例16》(*896) ②
男子　3歳のとき週末里親に、6歳で長期委託に。乳児院を経て児童養護施

設から来た。
「長期委託になってから、食事を撒き散らす、今まで出来ていた着替え等しなくなる。上の子にやきもちを焼く、わざと怒らせるようなことをする」

《事例17》(*150) ②
男子　8歳のとき乳児院を経て養護施設から来た。1か月から始まり、1年ぐらい続いた。
「発する言葉の6割程度が『あほ、ばか、かす』などで、『エロ』等の罵声も入る。『ブス、ナスビ』が加わった時は、語彙が増えたと感心したほど。毎日毎日『着る物がない、食べる物がない』と暴れ、理由を聞くと、上記のような返答」

《事例18》(*071) ②
女子　1歳のとき乳児院から来た。すぐ始まり、3～4か月ぐらい続いた。
「ペットを叩く、食べ物をひっくりかえす、物を壊す」

《事例19》(*861) ①　発達障害的な傾向
女子　4歳のとき実親の家庭から来た。1か月から始まり、1年以上続いた。
「自分の要求が通らないと、外に向かって『アバ、アバ、アバ』と、大声で言って泣き叫ぶ。年下の子と遊んで、ケンカしても、里親のところに来て助けを求める」

《事例20》(*283) ①
女子　8歳のとき乳児院を経て児童養護施設から来た。すぐ始まり、6か月間ぐらい続いた。
「マッチング中と委託後では、服や食べ物の好き嫌いががらりと変わって驚きました。家のあちこちに唾を吐いたり、鼻くそをつけたりしました。言葉づかいも悪くなり、『ババァ』とよく言われました」

《事例21》(*085) ①

男子　4歳のとき実親の家庭から来た。2週間ぐらいから始まり、2年間ぐらい続いた。
「里母と2人になると、食べることに関して、食べても食べても終わらないような時があった」

《事例22》（*144）　②
女子　2歳のとき乳児院を経て児童養護施設から来た。1か月ぐらいから始まり、1年ぐらい続いた。
「自分の髪の毛をたばで抜く。保育園の友だちに、突然かみつく。友だちのおもちゃを全部取り上げ、自分の物という。他の親たちから、落ちつきがないと白い目でみられた。（里母はあまり気にならなかったが）触ってはいけないもの、壊れやすいもの（ストーブ、扇風機など）を、いくら注意しても触る」

《事例23》（*876）　①
女子　4歳のとき児童養護施設から来た。1か月から始まり、1年ぐらい続いた。
「里母を足で蹴る。叩く。バカにしたような口調で物を言う。週末に里父がいない時が多く、ちょっとしたきっかけで暴れ出し、止まらない。おとなを信用していない」

《事例24》（*875）　①
女子　3歳のとき乳児院を経て児童養護施設から来た。数日で始まり、1～2年続いた。
「とにかく言うことを聞かない。『こうしたら』と言っても、全く逆のことをするなど、こちらの気持ちを逆なでするようなことをする。音楽会などで、自分が嫌になると、声を出したり、物音を出したりするので、『静かにしようね』と言うと、よけい大声を出す」

　委託当初にこうした行動があることは、里親研修のときにも学習していたはずだが、それでも里親は途方に暮れる。赤ん坊時代を再体験したいかのよ

うな行動から、「養育的な母親の下に育てられなかった不幸な自分」への思いを抱えたままの里子が、一定数いることがわかる。

2. 里親が「ふつうの子には考えられない」とした里子の行動
　　――81件の事例から

　委託当初に里子が見せる姿の多くは（退行等の）一時的なものだが、その後の養育の日々の中で、里親はそれまで予期しなかったような里子の行動に出合う。多くの里子が、実親の下にいて、ふつうでない体験をしていたこと、または実親の家庭から引き離され、施設や里親家庭に連れてこられたことも含めて、「虐待体験」の持ち主であることから発生する行動と思われる。

(1) 被虐待児の行動の特異性――マーティンとビーズリーによる

　虐待を受けた子どもが示す行動の特異性については、多くの研究者が報告している。例えば西沢（1994）は、その著書の中で、マーティンとビーズリーが、2歳から13歳の虐待を受けた子ども50人に行動観察と面接調査を実施し、9つの性格傾向を抽出した結果を紹介している（p29）。

　その9つには、①生活を楽しむ能力の欠如、②夜尿、癇癪、多動性、奇異な行動、③低い自己評価、④学校での学習上の問題、⑤引きこもり傾向、⑥反抗的態度、⑦認知的過敏さ、⑧脅迫傾向、⑨偽成熟性（大人の顔色を見ながらその欲求を先取りしたような行動をすること）等が挙げられている。ただし、まだ発達障害についての知識や理解が十分でなかった時代には、この中に虐待のトラウマからの行動傾向と、発達障害や、それがあって虐待の対象になった子が混在していたことも考えられる。

　しかしわれわれの狙いは、虐待された子どもの性格特徴を明らかにすることではない。これまで述べてきたように、里親対象のアンケート調査の資料から、里子の「心の世界」に少しでも近づき、虐待を受けた子どもの示す行動の理解をより深めることで、それを里親のよりよい里子養育につなげたいと考えて収録したのが、本章と次章の事例である。

里子を引き取るにあたっては、何度となく、児相から委託される子どもと一緒の時を過ごす機会が与えられる。マッチングと言われる仕組みの中で、その子どもと里親がうまくやっていけるだろうとの児相担当者の観察や吟味を経て、里親に子どもが委託される。

　しかし、わが家にその子を連れて帰った日から、子どもを育てるという重い責任が里親の上にのしかかる。子どもにも里親にも、さまざまな戸惑いが生まれる。

　全国調査の項目の中で、里親が「ふつうの子どもには考えられない行動」と記した内容を拾ったのが、90頁からの81件の事例である。予想を超えた里子の姿に、里親がいかに驚き、困惑したか。いわば異文化との衝突の状況が、自由記述欄に縷々綴られている。

　なぜ里親に、こうした戸惑いが生まれるのか。その理由の１つは、これまで自分の中にあった「子どもイメージ」と大きくかけ離れた里子の姿にあると思われる。

(2) 里子との相性を考える

　養育返上をした里親の場合に、「相性が合わなかった」との言葉が使われると聞く。

　相性 (fit) とは、心理学的にはお互いの性格や波長が合うことで、セラピスト（治療者）とクライエントの間にも、またスーパーバイザー（臨床における指導者）とスーパーバイジー（指導を受ける者）の間にも見出される。年齢や性別、相手に求めるものにもより、それほど固定的なものではないともされている。

　あるベテランの里親は、「多くの場合に里親は、１人目の里子とはしばしばうまくいかない。相性が合わない。その子に苦労して、その状況を何とか乗り越えることができると、２人目からの里子の養育は比較的スムーズにいくものだ」と言う。その里親から「相性とは何でしょうね」と聞かれて、しばし当惑した。里子と里親の相性とは何だろうか。なぜ、１人目はそんなにも大変で、いわば相性が合わなくて、多くの場合に２人目からはうまくやっていけるのだろうか。

もし里親と里子の間に「相性」があるとしたら、その背後に横たわるものの1つは、里親がそれまでに作り上げ、自分の中にもっていた「子どもイメージ」ではなかろうか。
　誰もが自分の中で「子どもとはこのようなもの」というイメージをもっている。そのイメージの出来上がるベースは、まず「子ども時代の自分」の体験であろう。引っ込み思案な子、積極的な子、喧嘩っ早い子、だらしのない子、勉強嫌いな子等々……子どもの頃から、自分のさまざまな特徴とずっと付き合ってきて、「今日の自分」がある。そのうえに、きょうだいや友人など身近にいる者たちや、童話や小説、テレビや漫画本などで出会う登場人物も、「子どもイメージ」が出来上がる土台に加わっていく。
　自分の中にある「子ども」というイメージにフィットした里子に出会えたときは、里子が少々予想外の行動をしても受け入れられる（許容できる）。しかし、「子どもイメージ」とまったくかみ合わない子どもの場合は、「この子は、子どもとは違う（または自分とは違う）『異なるもの』ではないか」という感情が起きるのではなかろうか。
　里親を当惑させる代表的な行動が「非行性」であろう。平成23（2011）年7月に刊行された「児童相談所における里親委託及び遺棄児童に関する報告書」（全国児童相談所所長会）によれば、「里子の対応困難」（表65）の中で、7歳以降の里子の場合には「反撥・反抗」や「里親宅への不適応」等が顕在化し、13歳以降では「非行系の問題が顕在化してくる」とある（p68）。
　多くの人の人格の中核に道徳性が形成されている。聖書にも「汝、盗むなかれ」（旧約聖書、モーセの十戒）とあるように、盗むという行為の禁止は、クリスチャンでなくとも、われわれ律儀で誠実な中産階級の人間の間に、固く保持されている戒律であり、文化である。里親を志願する動機は、まさに律儀で誠実な人々の中から生まれた「文化」であり、里子の小さい行為でも「非行」は、感情レベルで受け入れがたい行為であろう。もし、盗みや万引きを生業とする里親たちだったら、相性の延長線上で捉えて、里子の非行も、養育拒否、つまり返上には至らないかもしれない。
　しかし4章の事例にあるように、里子の非行は、心のいらだち、満たされない思いに起因した、「なんでもほしい、食べたい、したい」「世界を独り

占めしたい」という動機からの場合もある。時として、通常とは違う世界にいた里子の中の特殊な動機からの行為であることも、わかってやらなければならない。本章と次章に収録した「里子の心の世界」の情景は、読者にとって、そうした里子の一見奇異な行動の理解に役立つのではなかろうか。

したがって、もし2人目からの里子の養育が比較的スムーズにいく傾向があるとしたら、それは里親が、通常とは違う「里子の心の世界」の存在を知り、それまで自分の中にあった「子どもイメージ」を、多少とも、または大きく修正することができて、里子の行為を受け入れることが可能になっていくからかもしれない。次項からの81件の事例は、人々が、里子と出会ったときまで抱いていた「子どもイメージ」の修正に多少とも役立つかもしれない。

(3) 以下の事例の解説

以下の事例は、「子どもに、様々な問題をもつ子が増えてきていると言われますが、お子さん（抽出児＝Aちゃん）についてはどうですか」という質問文を付した調査票の自由記述欄に記された内容である。

この部分は、言葉の発達、学業成績、独特な態度などの12項目について尋ねており（1章の表1-21）、その中で「ふつうの子には考えられないような行動をする」と答えた里親が自由記述欄に記入した具体的な内容を収録した。なお、この項目の反応分布は表Aの通りであった（表1-21から）。「とてもその通り」「少しその通り」を合わせて、4割の里親が里子に問題を感じていることがわかる。

表A　ふつうの子には考えられない行動をする

1. とてもその通り	16.3%
2. 少しその通り	23.4%
3. あまりそうでない	31.8%
4. 全くそうでない	28.5%

さらに「『ふつうの子には考えられない行動をする』と回答された方は、

表1-8 養育の困難さ（再掲）

(%)

①育てるのが、ひどく難しい子（①ひどく養育困難）	33.3
②育てるのが、ふつう位の難しさの子	40.3
③わりと育てやすい子	18.9
④とても育てやすい子	7.5

注：81ケース中の「①ひどく養育困難」の出現率は70.4％であった。なお、ここで、「育てるのが、ふつう位の子」としなかったのは、育児は親にとって大なり小なり困難が連続する過程であり、とりわけ「①ひどく養育困難」を抽出するために「ふつう位の難しさの子」の表現を用いた。

どんな行動ですか」という質問への回答結果を分類して表Bにまとめ、次にそれぞれの事例を掲げた。

なお、里親が「ふつうの子には考えられない行動」と記述した内容の理解に多少とも役立つかと、「養育の困難さ」や「養育返上を思ったかどうか」についてのマークをそれぞれにつけた。

各事例番号のうしろには（　）で調査データの通し番号を入れてある。その後の丸数字は、里親がアンケートで答えた「養育の困難さ」（①～④の4段階）（表1-8再掲）である。こうした事例の多くは、「①ひどく養育困難」とマークされている。このような資料によって、各事例の背景が多少とも浮かび上がるのではなかろうか。続いて里子の調査当時の年齢と性別、委託時の年齢と、どこから里親の家庭に来たかなどの情報を示し、最後に自由記述欄からの引用を「　」で示した。

81件の事例は、行動の特徴をもとに以下のように11領域（「まとめ」を除く）に分類し、養育が非常に難しいとされた①の特徴をもった事例をはじめに置き、続いて②～④を掲げた。

表B 里親が里子に見た、「ふつうの子には考えられない行動」

1 デタッチメント
  (1) 知らない人について行く、1人で遠出する
2 生活体験の欠損
  (1) 常識が身についていない
  (2) 危険なことがわからない

> ③ 反抗・暴力・混乱
>   (1) 里親への反抗、しつけを受け入れない
>   (2) キレる、パニックを起こす
>   (3) 暴力・暴言
> ④ 非行・不道徳
>   (1) 非行・不道徳
>   (2) 性的行動
> ⑤ 不連続・不安定・ムラ
> ⑥ 心を閉ざす・独り言・固まる・別世界に入る
> ⑦ ルーズ・無気力・自立性の無さ
> ⑧ まとめ

　里子を委託された当初、まず里親が里子に見たのは、発達の遅れと行動の偏りであった。それまでの生育環境にあった物的・文化的欠乏、また異常な体験（虐待）がもたらした行動であろう。不十分なアタッチメント（デタッチメント）、通常でない環境下にあって欠落のあった生活体験、それから派生する自分の中の「子どもイメージ」とかけ離れた子どものふるまいに、里子の安全を守ることも含めて、当惑している里親の姿が見えてくる。

　まず「ふつうの子には考えられない行動」について書き込みがあった81件の事例の中で、「①ひどく養育困難」は57ケースと、70％に達している。表1-8に掲げたように、記入者全体では「①ひどく養育困難」が33.3％なので、81ケースの場合はその2倍以上の割合である。なお「ふつうの子には考えられない行動」のあった里子には、記述された行動以外にも種々里親を悩ます行動があったと考えられる。

　しかし、それでは「養育返上を真剣に考えたか」というと、養育困難の割合の高さに比べるとそれほどではない。全体の数字は7.7％だが、81ケースの中では11.1％と、やや高い程度である。

　仰天するような里子の行動に大きく戸惑いながらも、それを乗り越え、ひたすら養育を継続しようとしている里親の姿が見えてくる。

1 デタッチメント

(1) 知らない人について行く、1人で遠出する

　ここに集めた5ケースには「①ひどく養育困難」とマークされたケースは皆無だが、実親との間の愛着形成が不十分で、かつ里親との間にもそうした愛着形成がまだ成立していないことから、子どもは糸の切れた凧のような行動をするかのようである。子どもの「寄る辺のなさ」を見る思いがする。しかしほとんどの場合（5ケース中4ケース）に里親は「養育返上を思ったことがない」としている。手厚い養育の日々の中で、当初のこうした行動も消えていくのであろう。事例5だけが、「③わりと育てやすい子」にもかかわらず、気持ちはときどき通じ合わず、養育返上を何度か考えたことがあると書かれている。このケースは12年間と養育期間が長いので、他にも種々問題があったのかもしれない。なお、事例3のように、発達障害があっても、8年間の養育を経て、現在気持ちがとても通じていて、返上をまったく考えたことがないとする里親もいる。むろん、発達障害のタイプや度合いにも関係しているのであろう。

《事例1》（*269）　②
9歳・男子　3歳のとき乳児院から来て6年間養育。
「はじめのうち、見知らぬ人とすぐ打ち解けて、話して、ついて行ってしまう。保護者がいなくても平気」

《事例2》（*257）　③
10歳・男子　6歳のとき児童養護施設から来て4年間養育。
「プライバシーの意識が無く、日曜の朝早く、隣の家に遊びに行きたがったりした」

《事例3》（*376）　②　発達障害
9歳・女子　1歳のとき乳児院から来て8年間養育。
「わけもなく、だぁーっと走りまくる。迷子になってもヘイチャラ。里親と

か大人がいるいないに関係なく。どこへ行ったのか分からず、1日中探し回ることもしばしばです」

《事例4》（*177）　②
14歳・男子　2歳のとき乳児院から来て12年間養育。
「ひとりで、黙って遠出をする」

《事例5》（*586）　③
15歳・女子　3歳のとき実親の家庭から来て12年間養育。
「休日に、電車で黙って遊びに行ってしまう。どこに行ったのか、聞いても答えない。裏口から出たり、家族がいても気づかれないように家を出る」

　アタッチメント（愛情の絆、愛着）の形成は、後日の人間関係の基本として、ボウルビイ以来、多くの研究者によって指摘されてきた。幼児期の初期に特定の対象と強い結びつきを経験すると、子どもは安定し、自己信頼的で、人をも信頼し、他の人の役にも立とうとする「好ましい人格」を形成するとボウルビイは指摘した。通常の発達過程で「人見知り」と名付けられる行動が、生後5か月頃から1年ぐらいの子どもに起きるのは、特定の人への愛着の形成が生じたことを示しており、それが後日の人間関係の基本となるとされる。愛着という「絆」を体験したことがないと、子どもは糸の切れた凧のような姿を見せる。養護施設等を訪問すると、子どもたちが大勢寄ってきて（一見）親愛の情を示すかのような様子を見せるが、それは親の下で、十分な愛着形成ができなかったがゆえの行動（デタッチメント）であることも多い。

　里子の中には、不幸な生育環境の中で、母親から継続的に愛情のこもった世話をされずに育った子がいる。何らかの理由で、子育てが切れ切れになって、里親や施設に保護される子もいる。自由記述欄への書き込みは、そうした背景をもった子の様子であったりする。しかし、献身的に育てようとする里親との間に、愛着の絆が芽生えるようになる。「デタッチメント」と名付けられるような行動も次第に消失してゆく。

②生活体験の欠損

このカテゴリーの行動は、欠陥のある生育環境で育った子どもが起こす行動である。

(1)常識が身についていない

ここに収録した9ケースの養育の困難さは、「①ひどく養育困難」が5ケースと半分以上で、②（ふつう位の難しさの子）と③（わりと育てやすい子）も4ケースある。常識が身についていないだけで、必ずしもパーソナリティの深部まで環境上のダメージが及んでいない子もいるのであろう。しかし「①ひどく養育困難」とした里親5人の中で、「養育返上」を真剣に、また何度か考えたことがあるのは4人で、8割にのぼる。

《事例6》(*623) ①
15歳・女子　5歳のとき実親の家庭から来て10年間養育。
「鼻がかめない（何年も練習しました）、髪を耳にかけるなどの動作ができない（練習を重ねたが）。ジュースの缶が開けられない。ヨーグルトのふたが開けられるようになったのは、中学生になってからでした」

《事例7》(*1020) ①
9歳・男子　親戚から来てまだ半年。
「児相が『野性児』と表現する位、何も知らず、教育されていない、しつけがされていない子でした」

《事例8》(*510) ①
14歳・男子　6歳のとき児童養護施設から来て8年間養育。
「友人と待ちあわせをしても、時間に行かない。人を待たせて、平気で食事をしている。部活で優勝しても、喜びが無く、それ以上に力を入れない。部活だから仕方なくやっていると言う」

《事例9》（*675）　①
10歳・男子　4歳のとき児童養護施設から来て6年間養育。
「使用した水着を、濡れたまま引出しにしまう、汚れた靴下を引出しにしまう、風呂場で排尿するなど、こちらが忘れかけていた頃に、何かをしてくれます」

《事例10》（*499）　①　発達障害
15歳・男子　7歳のとき児童養護施設から来て8年間養育。
「叱っても、泣いたことが無かった。何度も同じことを同じ子にして学校から注意され、謝罪に行っていた。謝罪に行っても、罪悪感が薄い」

《事例11》（*558）　①
17歳・女子　6歳のとき実親の家庭から来て11年間養育。
「ダンスが好きで、毎晩汗をかきながら踊って汗だくになり、入浴するように言っても平気でそのまま寝てしまう。面倒くさいので、歯磨きもしない。同じ洋服をずっと着ていたり、頭のシャンプーだけは毎朝するが、体は洗わないとか」

　「①ひどく養育困難」とマークされても、養育返上をまったく考えなかったケース（事例6）もあるが、多くは「何度か考えた」としている。事例9や事例10のように、真剣に返上を考えたケースも見られる。とりわけ事例10は発達障害と診断されており、マークはすべて①で、養育破綻の寸前とも言える。こうした重篤な症状をもつ子どもの養育を、はたして里親にゆだねておいていいのだろうか。のちに7章で取り上げる児童養護施設の指導員の言葉をここで一部引用しておく。
　「児童養護施設は、将来、里親に委託できない対処困難な児童ばかりになることが想定され、養護施設というよりは、発達障害のある児童の治療的な側面が期待される専門施設となっていくと思います」

《事例12》（*991）　③

12歳・男子　4歳のとき親戚から来て8年間養育。
「来た当時は、4歳でもトイレが一切できなかった。おんぶも抱っこもだめ。歩くのもやっと。オウム返ししかしゃべらなかった」

《事例13》（*466）　②
17歳・女子　16歳のとき児童養護施設から来てまだ1年。
「今は17歳なのに、『ぞうさん、ぞうさん、チンチンも長いのよ～』と大きな声で歌う。部屋やトイレが、髪の毛だらけ。抜毛癖」

(2)危険なことがわからない

　事例14から事例18まで、5ケースのすべてが「①ひどく養育困難」とマークされている。この種の行動を示す子は、危なくて目が離せない、危険から守り切れないと里親は考えるのだろう。しかし、養育返上を考えたのは2ケース（4割）しかなく、養育はひどく難しいが、基本的には気持ちが通じ合うケースも多いようである。

《事例14》（*504）　①
7歳・男子　3歳のとき実親の家庭から来て5年間養育。
「通りがかりの自転車に傘を突き出して、進路を妨害する」

《事例15》（*959）　①
9歳・男子　8歳のとき親戚から来て2年近く。
「1歳の子が来ていたとき、おむつを替えて場を離れたら、『臭い』といって消臭スプレーをその子の顔にかけた」

《事例16》（*184）　①
10歳・男子　5歳のとき児童養護施設から来て5年間養育。
「山ほどあり過ぎ。郵便箱を片端から開けていく。ピンポンダッシュをずっとした。友人の家なのにわが家のように、ビデオを見たり、寝転んだり、引き出しを開けたり、勝手におもちゃを出して遊んだり」

《事例17》(*610) ①
11歳・男子　9歳のとき実親の家庭から来て2年間養育。
「危険なことを判断できない。注意されても指示にしたがえない。足場のない高いところに上る。大人のいないときに、海や川の中に入る。散歩中、わざと通り難いところに入る。物をよく壊す」

《事例18》(*355) ①
13歳・女子　6歳のとき児童養護施設から来て7年間養育。
「すぐキレて、テーブルや壁に穴を開けたり、畳や網戸を切ったり。里親の意見は聞かず、反抗する」

③ 反抗・暴力・混乱

　このカテゴリーの行動は、里親への反抗や暴力である。里親が非常に扱いかねる行動の1つである。

(1) 里親への反抗、しつけを受け入れない

　7ケースのうち、「①ひどく養育困難」が6ケースでほとんど、養育返上を時に考えた里親も6ケースにのぼる。また発達障害と診断されたケースが3ケース。児童養護施設から来た子が多いのもこのカテゴリーの特徴のようで、児相で言う「困難ケース」に属する。
　里親になつかないので気持ちも通じず、里親の手を焼かせるタイプのようで、むろん背後には愛着障害などの問題が潜んでいることも推測される。

《事例19》(*713) ①　発達障害
6歳・男子　5歳のとき児童養護施設から来て1年。
「自分の意見が否定されると、泣き叫び、長時間泣き続ける」

《事例20》(*590) ①　発達障害
6歳・男子　5歳のとき児童養護施設から来て1年間養育。

「里親と自分が対等だと思っていて、幼児には理解できないようなことでも、話さないと納得しないが、理解できないとパニックになる。施設で大きい子を見ていたためか、意味もわからず暴言を吐く。幼児なのに、高校生の言うようなセリフを言って、勝とうとする」

《事例21》(*576)　①　発達障害
10歳・男子　9歳のとき実親の家庭から来て2年近く養育。
「行動を注意するとパニックになり、近くにあるものを投げ飛ばし、長い棒で地面を30分以上、ばんばん叩きつける。暴言暴力（足蹴り）を繰り返す」

《事例22》(*355)　①
13歳・女子　6歳のとき児童養護施設から来て7年間養育。
「すぐキレて、テーブルや壁に穴をあけたり、畳や網戸を切ったり。里親の意見は聞かず、反抗する」

《事例23》(*701)　①
17歳・女子　6歳のとき児童養護施設から来て11年間養育。
「注意されるとすぐ鼻歌を歌ったり、踊ったりする。注意されても絶対に泣かない」

《事例24》(*508)　①
20歳・女子　16歳のとき病院から来て4年間養育。
「何か教えようとすると、怒られているととってしまう」

《事例25》(*667)　②
6歳・男子　3歳のとき児童養護施設から来て4年間養育。
「叱られると、どんなに空腹でも、強がって食事をとろうとしない。何度か食事を抜いたことがある」

(2) キレる、パニックを起こす

　7ケースのすべてが養育の難しいタイプの子ども（①）であり、事例29を除いて、里親のほとんどが養育返上を考えたことがあったとしている。

《事例26》（*262）　①
10歳・男子　2歳のとき乳児院から来て8年間養育。
「自分の思いどおりにならないと、乗っている車のハンドルを握る。ブレーキを踏む。里親の眼鏡を奪い、壊そうとする」

《事例27》（*175）　①
7歳・女子　1歳のとき実親の家庭から来て6年間養育。
「宿題や学校の準備など、先に声をかけられると、キレて収拾がつかなくなる。キレると人に向けて物を投げたり、頭やおなかを叩いたりする」

《事例28》（*240）　①
7歳・女子　7歳のとき児童養護施設から来て7か月養育。
「里親をバカにしたような行動、ヒステリックで、時折パニックを起こす」

《事例29》（*746）　①
8歳・女子　2歳のとき乳児院から来て6年間養育。
「パニックを起こし、素手でガラスを殴って、手に怪我をする。床におしっこをする。警察を呼べと叫ぶ。2階から飛び降りると脅す。目に針を刺すと言って脅す。学校に行かないと言って、里親をコントロールしようとする。物を投げて壊す。サッシ2枚を割る。テレビを1日中見ている」

《事例30》（*486）　①
10歳・男子　1歳のとき実親の家庭から来て9年間養育。
「学校ではいい子、友だちも沢山いる。家に帰ると『学校で、がまんしてるんだから！』と言い、里父母のちょっとした一言で、爆発してしまう。交通

事故に会えばいいと、道に飛び出したり、包丁を持とうとしたりした。イライラ解消のためと言い、里父母のクレジットカードを使い、ゲームソフトを購入。もうやらないと約束したが、4回同じことをした。ゲーム機から番号をうち込んだり、パソコンを使ったりして、いろいろやっている」

《事例31》(*250)　①
10歳・男子　1歳のとき実親の家庭からきて10年間養育。
「自分の思いどおりにならない時、自分ができない場面にぶつかるとキレてしまって、教科書やノートをびりびり破いたりする。ちょっとのことで、すぐキレる」

《事例32》(*576)　①　発達障害
10歳10か月・男子　9歳のとき実親の家庭から来て1年半養育。
「行動を注意するとパニックになり、近くにあるものを投げ飛ばし、長い棒で地面を30分以上、ばんばん叩きつける。暴言暴力（足蹴り）を繰り返す」

(3) 暴力・暴言

　「①ひどく養育困難」が半分で5ケースあるが、養育返上を考えたケースは比較的少なくて4ケース。気持ちがわりと通じ合っているのも5ケースある。この種の行動は、それが起きているときは大変だが、おさまれば里親との関係も成立するのかもしれない。

《事例33》(*195)　①
9歳4か月・女子　3歳のとき児童養護施設から来た。
「物を壊す。自分がどうしてもほしくて手に入れたものでも」

《事例34》(*223)　①
10歳・女子　7歳のとき実親の家庭から来て3年間養育。
「（里親の）実子に対する焼きもちがひどく、実子に暴言や物を投げつける」

《事例35》（*190）　①　発達障害
13歳・男子　8歳のとき知的障害児施設から来て5年間養育。
「包丁をもち出し、人を威嚇する。火をつけようとする。かっとなって、物を投げつける」

《事例36》（*661）　①　発達障害
14歳・男子　3歳のとき知的障害児施設から来て11年養育。
「里父に叱られて、壁に穴、お風呂のドア、電話のコードを切った」

《事例37》（*359）　①
14歳・男子　4歳のとき実親の家庭から来て10年間養育。
「人形の首をチョンパしたり、大声で、奇声を発しながら歩いている。行事等の時も、自分から仲間外れになり、自分では、仲間外れにされたと言う」

《事例38》（*188）　②
6歳・女子　5歳のとき児童養護施設から来て1年間養育。
「自分の額を床に打ちつけようとしたり、危険なことをする」

《事例39》（*554）　②
8歳・男子　6歳のとき児童養護施設から来て2年間養育。
「友だちのおじいちゃんの鼻をパンチした。5年男子のみぞおちをパンチして、倒れたところを、頭を足でふんづけた」

《事例40》（*550）　②
8歳・女子　2歳のとき乳児院から来て6年間養育。
「することなすこと、まるで男の子。乱暴で人をけったりする。一方で気が優しく、弱い子や困っている子を助けてあげたり」

《事例41》（*235）　②
11歳・男子　1歳のとき乳児院から来て10年間養育。

「気に入らないとヘッドロッキング、ひっくり返って泣く、暴言、叩く」

《事例42》(*577)　②　発達障害で特別支援学校在学中
18歳・女子　15歳のとき児童養護施設から来て3年間養育。
「初めの頃は、あらゆる年長者に対して、悪態をついた。同年代の子どもには、暴言暴力。現在は落ち着いている」

4 非行・不道徳

このカテゴリーの行動も、里親にとっては情緒的にも受け入れられないものの1つであろう。

(1)非行・不道徳

4ケースのすべてが①で、しかも全員が養育返上を考えたことがあるという。盗むという行為は、小さい出来事でも里親の道徳性の根幹を脅かし、許せないのであろう。

《事例43》(*547)　①
7歳・女子　2歳のとき乳児院から来て5年間養育。
「ほしい物は何でも、他人の物でも、自分のカバンの中に入れて安心する」

《事例44》(*514)　①
8歳・女子　3歳のとき児童養護施設から来て5年間養育。
「ランドセルや筆箱の中に、自分のものではない髪どめ、鉛筆、消しゴムが入っている。聞くと平気で嘘をつく」

《事例45》(*165)　①
13歳・女子　12歳のとき実親の家庭から来て1年間養育。
「娘(実子)の部屋に入り、洋服やケータイ、小型ゲーム機を、自分のタンスの中に隠していた。娘の洋服を着る」

《事例46》(*696) ①
14歳・女子　2歳のとき乳児院から来て12年間養育。
「友人の物を盗んで、交番に拾得物として届けた。大切にしていたカシミアのセーターの袖を『暑い』と言ってハサミで切った。万引き、お金の持ち出し」

(2)性的行動

　8ケース中6ケースが①で、養育はひどく難しく、気持ちが通じ合うケースは少ない。しかし、1ケース（事例51）を除いて、なぜか養育返上の気持ちになったことがないのも特徴である。性的行動が起きているときは不快だが、それがなければ看過できるのかもしれない。

《事例47》(*152) ①
6歳・女子　2歳のとき乳児院から来て4年間養育。
「初対面の男の人でも、平気で抱きついていったりする」

《事例48》(*171) ①
10歳・男子　8歳のとき児童養護施設から来て2年間養育。
「人前でおちんちんを出す。自分の希望がかなえられないと、公衆の面前で大声を出す。叩いたり、けったりしてくる」

《事例49》(*604) ①
10歳・女子　6歳で来るまでに方々をたらいまわしにされていた。4年間養育。
「入浴中、湯船のふちに腰かけていた妹を、いきなり突き落とした。友人の前で、足を大の字に広げ、下着を下して局部を露出。公園で下着に手を入れて、友人の局部をさわる。入浴中自分の股を指し、『ここさわって』と言う」

《事例50》(*665) ①
12歳8か月・女子　6歳のとき実親の家庭から来て6年間養育。

「性器に物を入れる。歩いている人を蹴る。他の子に唾を吐く」

《事例51》(*502)　①
13歳・女子　10歳のとき実親の家庭から来て3年間養育。
「好きな男子に告白して、断られても気にせず、自宅に押しかけて、性的関心で注意を引こうと、キスなどを迫り、それでも相手にされないので、手紙で『セックスさせるから』と迫っていた。下校時に、自宅隣の空き地にて、2対1で、性行為に及ぶ。後日そのことを、大勢の前で自慢げに話している。（小6の時、好きな男子とその友人も一緒の場で）」

《事例52》(*235)　①　発達障害
13歳・女子　2歳のとき乳児院から来て11年間養育。
「60歳を越えた男性に執着し、その家に入り浸り、毎日手紙を書き続けたり、待ち伏せした」

《事例53》(*219)　②
10歳・女子　9歳のとき児童養護施設から来て1年間養育。
「来てすぐ、横になっていると馬乗りになり、下半身を押しつけるようなことをした。急に顔を近づける、急に手を出す、股を鼻紙で拭く。股を触るなども」

《事例54》(*126)　②
13歳・女子　4歳のとき来て（経緯は不明）9年間養育。
「虐待ごっこの遊びをしたがり、幼稚園の友だちにも『お尻を鞭で叩いて』とお願いしたりした」

5 不連続・不安定・ムラ

　このカテゴリーの行動は、不安定で、自分の世界にこもり、活力を失った、弱々しい里子の姿と言えようか。広汎性発達障害のケースも含まれてい

るかもしれない。

　①が４ケース、②③が５ケースで、養育返上を考えた里親も５人いる。しかし、行動は不連続であるが、気持ちが通じているケースが多いのもこのカテゴリーの子どもの特徴かもしれない。発達障害が３ケースある。

《事例55》（*944）　①　発達障害
３歳・女子　実母がトイレで出産。０歳で来て３年間養育。
「突然『怖い怖い』とおびえたり、真実告知をしていないのに、『ありちゃん（私の死んだ子）と、天国でお友だちだったんだよ。ありちゃんは死んだけれど、代わりにママのところにきたよ』と急に話しだしてびっくりしました（死んだ子の名前も知らず、話したこともないのに）」

《事例56》（*757）　①
７歳・女子　２歳のとき乳児院から来て５年間養育。
「横でニコニコしていたと思うと、当然泣きだしたり、床にひっくり返ったまま動かなかったり」

《事例57》（*556）　①
10歳・女子　９歳のとき児童養護施設から来て１年間養育。
「裏表が激しく、初対面の人には、相手が感動するほど『よい子』を演じるが、裏では『うざったい』『２度と会いたくねぇ』と憎まれ口をきく」

《事例58》（*454）　①　発達障害
18歳・男子　14歳のとき実親の家庭から来て４年間養育。
「寝すぎる。起きられない（15時から22時間）。何も食べなかったり、多量に食べたり、３食食べない。布団に入れない、風呂に入れない。かい離を起こし、記憶が無い。人や地図がわからない。忘れもの、落し物が多すぎる。人の気持ちがわからない。家族、里親に思いやりや優しさが無く、無関心。他人には、気に入ったらとても上手にやれる。その他多々あり」

《事例59》(*170) ②
2歳・女子　1歳のとき乳児院から来て1年余養育。
「気持の波が大きく、やたらに泣いたかと思うと、けろっとして泣きやみ、笑いだす。きた当時、引き出しをあけまくったり、制止しても止められなかったり、探索の度を超えていた」

《事例60》(*405) ②
7歳・女子　2歳のとき乳児院から来て5年間養育。
「怒った時は顔の表情まで変わり、日常生活ではありえないような、汚いことば（てめー、バカ野郎）を口にする。別人格かと思うほど」

《事例61》(*539) ③
8歳・男子　8歳のとき児童養護施設から来てほぼ1年間養育。
「家中を走り回る、些細なことで大泣きする、幼児の遊びに熱中する、来客があると必ず話しかける」

《事例62》(*376) ②　発達障害
9歳・女子　1歳のとき乳児院から来て8年間養育。
「わけもなく、ダーッと走り回る。迷子になってもへいちゃら。里親とか人のいる、いないにかかわりなく。どこへ行ったのか分からず、1日中探し回ることもしばしば」

《事例63》(*239) ③
11歳・女子　2歳のとき乳児院から来て9年間養育。
「常に突拍子もないことを言ったり、急に今までと違う行動をしたりする」

6　心を閉ざす・独り言・固まる・別世界に入る

　ここに分類された12ケースは、「①ひどく養育困難」が10ケースと大部分を占める。②が2ケース。「発達障害」が6ケースで、その中には、対応

の難しい広汎性発達障害（自閉症等）を示唆するかのような、特異な行動が見られる。「何回か、または真剣に」養育返上を考えた里親は8ケースで、3分の2と多い。しかし、手のかからない子（自閉的で、他に影響を及ぼさない子）もいるのか、返上を考えない里親も4ケースあり、返上の気持ちをもつ例が症状の深刻さに比べて少ない感じもする。

《事例64》（*549）　①
6歳・女子　0歳のとき病院から来て6年間養育。
「集団行動ができない。初めての場所、初めてのことなどは、動けなくなる。いつ動けなくなるのかわからないので、幼稚園では大変な様子です。運動会、発表会もまともに出られない。名前を呼ばれても、幼稚園では1度も返事をしたことが無い。とにかく固まってしまう」

《事例65》（*337）　①　発達障害
7歳・女子　5歳のとき実親の家庭から来て2年間養育。
「一人でいるときは、ぶつぶつと独り言を言っている」

《事例66》（*671）　①　発達障害
8歳・男子　6歳のとき児童養護施設から来て2年間養育。
「いつも自分の右側にお友だちがいて、怒られたり、感動したり、思いだしたり、いろいろなことを、報告している。そういう時期だと思って、そっとしている」

《事例67》（*234）　①　発達障害
8歳・男子　1歳のとき乳児院から来て7年間養育。
「しょっちゅう高い所に登り驚かされる。妄想、幻覚、自傷（針で皮膚を刺す）」

《事例68》（*472）　①
9歳・女子　0歳のとき実親の家庭から来て9年間養育。

「動物（犬、モンキー）になり切る。人には聞こえない音でも聞こえる。着衣へのこだわりが強く、着るものを決める迄20分ぐらいかかる。思い通りにならない場面ではパニック。暴れた時は、物を投げたり、ひっくりかえしたりで危険」

《事例69》（*185）　①　発達障害
12歳・男子　3歳のとき乳児院から来て9年間養育。
「戦国武将の本（マンガ歴史本）が好きで、学校から帰ると、自分で作った武士の帽子や刀を腰にさし、半纏等を着て、毎日武士の恰好をする。最近は、兵隊の恰好もする。それを一定の時間したあとで、歴史マンガ本に没頭する。怒りの表現は、大切な物を壊す、飛ぶ、跳ねる」

《事例70》（*613）　①　発達障害
14歳・女子　13歳のとき実親の家庭から来て1年間養育。
「部屋の中を歩いている時、入浴している時、よく、わめいたり、大声で叫んでいる」

《事例71》（*685）　①
14歳・男子　2歳のとき乳児院から来て12年間養育。
「入浴中に1人で30分も独り言を言っている。1人で劇を演じている」

《事例72》（*637）　①
14歳・男子　12歳のとき実親の家庭から来た子で、2年半養育。
「2年半経過したが、家庭では殆どしゃべらない。何を考えているのかわからない。大人と話をしない」

《事例73》（*260）　①　発達障害
17歳・男子　2歳のとき乳児院から来て15年間養育。
「どんな時でも帽子をかぶっている。小学校2、3年の頃は、教室でも脱げなかった。現在は、外食、外出、電車の中でかぶっている。家族で食卓を囲む

ことができなかった。いまは、兄たちが帰ってきて一緒に食事する時は一緒にするが、ふつうは一人テーブルで食べる。夫婦は座卓で」

《事例74》（*241）　②
13歳・女子　6歳のとき実親の家庭から来て7年間養育。
「意志を口に出さないで、ただ泣くだけ。学校も、教室に行って学習することもあるが、いつもは泣いて教室に入ることができない。理由を言わない」

《事例75》（*588）　②
18歳・女子　3歳のとき乳児院から来て15年間養育。
「学校から道草をせず、一直線に家に帰ってひきこもる。電話をとらない。ケータイをもたせても、メール対応だけ」

7 ルーズ・無気力・自立性のなさ

　覇気を失ったかのような姿を見せる子どもたちである。
　6ケース中、「①ひどく養育困難」が5ケースとほとんどで、②が1ケースのみ（事例81）。①とした5ケースの中で、気持ちの通じ合わなさを感じている里親は4ケースとほとんど。6ケースすべての里親が、「何度か養育返上を考えたことがある」ようだが、「真剣に返上を考えた」ケースは（事例76）だけである。14歳から18歳とほとんどが高年齢のためかもしれない。「ひどく養育困難」の内容が若年の子どもとは違うのかもしれない。

《事例76》（*661）　①
14歳・男子　3歳のとき児童養護施設から来て11年間養育。
「相手の表情が理解できず、こちらが困っているのか、怒っているのかも理解できなかった」

《事例77》（*510）　①
14歳・男子　6歳のとき児童養護施設から来て8年間養育。

「友人と待ちあわせをしても、時間に行かない。人を待たせて、平気で食事をしている。部活で優勝しても、喜びが無く、それ以上に力を入れない。部活だから仕方なくやっていると言う」

《事例78》(*495) ①
17歳・女子　16歳のとき児童養護施設から来て1年間養育。
「日常生活のこと、身の周りのことは、同じことを何度言われても、ほとんどできない。自分に都合の悪いことは平気で約束を破る」

《事例79》(*501) ①
17歳・女子　17歳のとき児童養護施設から来てまだ8か月。
「決められたこと、指示されたことに対しては行動できるが、自分で決めて行動することができない」

《事例80》(*471) ①
18歳・女子　17歳のとき児童養護施設から来て1年半養育。
「好きなテレビ番組があると学校に行かず、テレビ、ビデオばかり見ている。最低限の単位数を気にして、ずる休みを平気で続ける」

《事例81》(*532) ②
9歳・男子　8歳のとき児童養護施設から来て1年間養育。
「入浴で、洗っていないのに、洗ったつもり。忘れてやらないことを、やったつもり。特に、トイレの水を流さないとか、片付けていないのに片付けたつもりとか」

8 まとめ

　里親になった人々がはじめに目にする里子の行動は、研修等で事前学習もしており、あらかじめ想像し、ある程度は予期の範疇内であったと思われる。しかし、実際に里子養育の責任を負う日々が始まってからの里子の行動

に、しばしば里親たちは立ちすくむ。何度か養育返上を考え、中には思いつめるほど真剣に返上を考える人々も出てくる。そして暗数ではあるが、一定数の養育返上もあったと思われる。養育返上に至ったある里親は、「やむを得なかったとはいえ、養育返上は里親の心の傷となり、里子にとってもそうであったに違いない」と述べている。今後、その暗数部分を明らかにして、返上に至った経緯を把握し、どうすれば不幸な事態が避けられるか、支援の方策を探る必要があると思われる。この点は6章でも扱われる。

　しかし事例の中には、ほとんど養育破綻とも見られる深刻な状況に陥っていても、なお養育を継続しているケースもある。どうすれば里親の育児負担を軽減できるか、その支援の方策を探ることも必要と思われる。そのためには、今、厚労省によって実施されようとしている「子育て支援員」の制度とその活用はむろんのこと、委託の際に子どもの特性についても、さらに念入りな調査・検討が必要ではなかろうか。里親里子の組み合わせはもちろん、専門機関での養育のほうが望ましい子どもかどうかなど、できるだけの調査が必要で、また児童養護施設が、とりわけ難しい子どもの養育機能を高める努力（専門性の強化）も必要ではなかろうか。

《引用・参考文献》
全国児童相談所長会（平成23年7月）「児童相談所における里親委託及び遺棄児童に関する調査　報告書」
西沢哲（1994）『子どもの虐待――子どもと家族への治療的アプローチ』誠信書房
リンドグレーン、アストリッド（大塚雄三訳）（2001）『ミオよ　わたしのミオ』岩波少年文庫

4章

虐待を受けた子が住む「心の世界」
――里親が子どもの上に見た虐待の影

深谷和子

子育ての過程ではどの親もさまざまな困難に出合う。しかし喜びも大きい。自分の子ども時代とわが子の現在の姿を重ね合わせて、自分の成長過程を子どもの上に再認することのできるポジティブな過程を育児で経験できること、また子どもの心情に共感し、自分とわが子を同一視できるなど、子どもとの間の「気持ちの通い合い」に支えられる過程であることからくる喜びであろう。

　それは母親にとって、胎内に子どもを抱えた10か月の歴史に始まる。父親も子どもの出生後、次第に父親となっていく。しかし里子は、里親とは異文化の中に生活してきた者たちであり、里子の養育は、いわば2つの「文化の衝突」で始まる過程である。乳児の場合は、その感覚は里親側の一方的なものだが、物心のついた年齢の里子の場合は、双方で相手の世界を探り合うことになる。

　そうした折々に、里親はどの程度、通常と違った体験をしてきた里子の心の世界を推測することができるのだろう。里子の多くは、常ならざる状況（虐待環境）にいた子どもたちである。世界で一番安心と安全を提供されるはずの親から、むごい仕打ちを受けていた世界は、われわれの想像を絶するものであり、そこで受けた心の傷が、どれほど大きく深いものかは想像に余りある。

　しかし、何とか里子の体験してきた世界と、里子の現在の胸の内を知ることはできないだろうか。それらに多少とも近づくことができれば、里親は里子の心や行動を、違う星からやってきた「異邦人」のそれではなく、わかり合え、共感することのできる対象として、より共感的に捉えることができるかもしれない。

1. 子どもの「心の世界」に接近することの難しさ

　子どもが体験してきた数々の恐ろしい世界や現在の心の裡を、子どもから直接聞き取ることができればいいと思う。しかし子どもの多くは、自分を十分に表現できる言語的な発達を遂げていない。里子たちがこれまでどんな体

験をしてきたか、その体験が今もどのくらい心の中に残り続け、心の傷としてうずいているか、彼らの心理的世界が今どんな様相をしているかに、できるだけ接近する方法を探りたい。

そうした子どもと、その心の裡を探るために、心理臨床家たちは、子どもの表現活動を手掛かりにする。子どもの描いた絵（自由画、人物画、樹木画など）やミニチュアのグッズで作った小世界（箱庭）を分析したり、図版を見せてその印象や物語を語らせる手法（ロールシャッハテストやTAT〈絵画統覚検査〉など）は、心理臨床の中で開発され、長らく使用されてきた。

しかし、それぞれの里親の下にいる里子たちに、そうした手法は使えない。また、仮にそうした表現物が入手できたとしても、里子と個人的な関係がない中では、熟練の臨床心理士でも、その意味を適切に解釈することは難しい。

われわれは養育里親対象のアンケート調査の際に、里子の心と世界を探るために所々に自由記述欄を設けておいた。里親とは、寝食を共にして、どんな臨床家より里子をよく知る人々であり、里子の心や行動の意味を理解して、よき養育につなげようと努力している人々である。そうした立場にいる里親の目が捉えた里子の姿は、ある意味で、どんな臨床家の作業の結果より確かなものではなかろうか。里親が里子の中に、「虐待の影」ではないかと感じた内容を自由記述欄から拾い上げ、その意味する内容に従って分類したのが、この章の資料である。

2. アンケート項目の解説

すでに3章で、里親が「ふつうの子には考えられない行動」として書き込んだ自由記述欄を整理して、81件の事例を紹介したが、本章ではさらに一歩踏み込んで、「里子さんの性格や行動の仕方に、『虐待された影、（または辛い思いをした影）のようなもの』を感じられたことがありますか」「それは、どんな時や場面や、行動でしたか」と尋ね、ほぼ同一の内容は省いて並べたのが、以下の102件の事例である。

各事例には、記入された里親の文章の背後に、どんな里子や里親の状態があるか、理解の助けとなるよう、マークや資料を小さく添えるなどした。里子の行動で特徴的な部分には、アンダーラインをしてある。
　次項はマーク等の解説だが、読むのが煩雑と思われる方は、事例紹介（117頁以降）に進んでいただいてもかまわない。里子の年齢と性別、来歴だけを押さえて読み進んでも、里子の心の世界の様相が浮かび上がるであろう。

1 マーク等の解説

　まず、マーク項目のそれぞれの出現頻度は以下の表の通りであった。

表1-17　虐待の影の有無（再掲）

1. とても虐待の影を感じた	32.3%
2. 少し虐待の影を感じた	38.8%
3. 何も感じなかった	28.9%

　虐待の影を里親が感じた里子、とりわけ不安症状を呈した里子は、むしろ実親や親戚等の「家庭から来た子」が多く、施設等から来た子どもにはやや少ない印象を受けた。なぜだろうか。
　本章でも前章同様に、養育困難の度合いを各事例に付記して、その行動の理解を深める資料の一部とした。

表1-8　養育の困難さ（再掲）

①育てるのが、ひどく難しい子（①ひどく養育困難）	33.3%*
②育てるのが、ふつう位に難しい子	40.3%
③わりと育てやすい子	18.9%
④とても育てやすい子	7.5%
＊「①ひどく養育困難」のマークは、102の事例のうち55.9%で、全国調査の「養育がひどく困難」の数字（33.3%）の1.7倍である。里子の行動に特異性（虐待の影を感じる）里子は、他にも多くの難しさをもっている子なのであろう。	

さらに各事例は、「里子との気持ちの通じ合い」(5章の表5-1) と、「養育返上を考えたことがあったか」(1章の表1-11) について、(1)から(4)のマークとともに付記し、「(1)どうしても、(気持ちが) 通じ合わない」、「(1)何度も真剣に (返上を) 考えた」「(2)返上したいという気持ちになったことも、何度かある」には、養育破綻に近い反応としてアンダーラインをした。なお、102件の事例の中で、「(1)どうしても、(気持ちが) 通じ合わない」の出現率は13.5%で、全国調査の数字 (6.0%) の約2倍であった。

表5-1　里子と気持ちが通じ合うか

(1) どうしても、(気持ちが) 通じ合わない	6.0%（13.5%*）
(2) 時々通じないと思うことがある	31.7%
(3) わりと、気持ちが通じている	38.4%
(4) とても、気持ちが通じている	23.9%
＊ 102件の事例における出現率	

また、養育返上を考えたかについてもマークで記し (表1-11再掲)、(1)(2)とした者についてはアンダーラインをした。

表1-11　養育を返上しようと思ったことがあったか (再掲)

(1) 何度も真剣に考えた	7.7%（11.8%*）
(2) 返上したいという気持ちになったことも、何度かある	21.9%（29.4%*）
(3) 返上したい気持ちは、ほとんどなかった	17.4%
(4) 全くなかった	53.0%
＊ 102件の事例における出現率	

さらに、「養育に自信を無くしたことがあったか」という質問に対して、「わりとあった」と答えた者について(1)として付記した。

なお、「全く気持ちが通じ合わない(1)」(6.0%)、「養育に自信を無くした(1)」(17.3%)、「何度も真剣に返上を考えた(1)」(7.7%) が重なると、まさに養育破綻寸前にある状態として、それには筆者による注を添えた。

次に102の事例を内容にしたがって分類して表Cに示し、全体像をまとめた。

表C　里子の住む心の世界——102の事例

1 里子を包む「不安と恐怖」——現実の脅威、記憶の中の脅威
　(1) 実親は怖い、実親は嫌い
　(2) 恐怖の再現、トラウマ、脅威
　(3) 人は怖い（里親も）、人を避ける（里親も）、周囲を警戒する
　(4) 再度、置き去りにされる不安（「見捨てられ不安」）
　(5) 不安な睡眠、夜泣き、1人で寝られない、やたらに泣く

2 不安から逃れるために
　　——外に向かっての攻撃、自分を閉ざして内にこもる
　(1) 攻撃と爆発
　(2) スキンシップを求める、里親から離れない
　(3) 心を閉ざす、話さない、自己抑制（感じない、泣かない）、石になる
　(4) 鍵を閉める、防備する、閉所に入る、退行する、キャラの世界に入る

3 心の裡と欲求——いらだち、羨望、助けてほしい、死にたい
　(1) 漠然としたいらだち
　(2) 何でもいいからほしい、独り占めしたい
　(3) 幸せな子への嫉妬
　(4) 可哀そうだと思ってほしい、助けてほしい
　(5) 死にたい、自己否定

4 いつまでも消えない不安
　(1) 人に甘えない、甘えることを知らない、助けを求めない
　(2) ふれあいや、濃い人間関係を嫌がる
　(3) 活力の低下

5 「自分は世界から大切に思われていない」——まとめに代えて

3. 里子が住む心の世界——102件の事例から

1 里子を包む「不安と恐怖」——現実の脅威、記憶の中の脅威

　親と過ごした子どもの日々を、人はしばしば甘い感傷の中で思い起こす。しかし、親から虐待を受けた里子たちの心を今も支配しているのは、実親の家庭で生活していた当時の種々の不幸な体験であろう。折にふれて、さまざまな実親の姿が里子の中に現れる。

　事例1のように幼い子どもは、ただ不安と恐怖で実親を忌避する。やや年長だが事例5もそうである。しかし、成長するにつれて彼らははっきりと、自分の親が自分を不安と恐怖にさらしていた本人であったことを知り、その対象を憎む。事例2、事例3、事例4、事例6、事例7等にそれを見ることができる。しかし実親だけでなく、それは後日「人というもの一般」、すなわち一般的な人間観にも影響していくことに、まだ彼らは気がついていないかもしれない。

　なお、以下の事例の ** は、筆者のコメントである。

(1)実親は怖い、実親は嫌い

　「親はどんな人」と聞かれれば、ほとんどの子どもは、「優しい」または「怖いけれど優しい」と答えるのではなかろうか。しかしここに収録した事例は、すべてが親をただ恐怖の対象として、忌避している。親は時にそれほどわが子にむごい仕打ちができる者たちなのだろうか。

《事例1》(*559)　②
4歳10か月・男子　1歳のとき児童養護施設から委託された。
「実母が面会に来ると、毎回「怖い！」と泣きだして逃げ出す。普通の会話の時も、実母のことが出ると、泣くこともある」
　　　時々気持ちが通い合わず(2)、返上したいと思ったことも何度かあった(2)

《事例2》(*980)　①ひどく養育困難
6歳5か月・女子　4歳のとき実親の家庭から来た。
「3歳半の時に受けた虐待を、今も昨日のことのように鮮明に話す。時に『包丁を持って仕返しに行きたい』と言う」
　　＊＊6歳の子どもにそこまで言わせるとは、何があったのだろうか。しかし、心はあまり通い合わないが(2)、返上を思ったことは全くない(4)

《事例3》(*900)　②
13歳11か月・女子　実親の家庭から来てまだ8か月。
「とにかく、実母の連れ合い（養父）を嫌う。死ねばいいのにと言う」
　　気持ちはとても通い合っている子で(4)、返上を思ったことは全くない(4)

《事例4》(*792)　①ひどく養育困難
15歳0か月・女子　3歳のとき児童養護施設から委託された。
「（乳児院に生後3週間で入れられ、こちらからは実親のことは何も話していないのに）小学校1、2年の頃、『大人のくせに子どもを捨てるなんて最低だ』と口走ったことがありました」
　　どうしても気持ちが通い合わず(1)、養育に自信を無くし(1)、返上したいと思ったことも何度かあった(2)
　＊＊養育破綻寸前か。

《事例5》(*226)　②
15歳10か月・女子　7歳のとき実親（継母）の家から来た。
「2度目の母による虐待とのことでしたが、そうされても仕方がないなぁという場面も、よくありました。大きくなって、2度目の母に会う時もビビっている感じでした」
　　＊＊里子の中に育てにくさを引き起こす特性（発達障害など）があったのかもしれない。

4章 虐待を受けた子が住む「心の世界」

わりと気持ちは通じ合っていて(3)、返上を思ったことはほとんどない(3)

《事例6》(*055) ①ひどく養育困難
17歳5か月・男子　親戚や他の里親をたらいまわしにされた後、14歳のときに来た。
「イライラすると『実親と里親さんに2度も捨てられた者の気持ちはわからんやろ』とわめき、『家族でもないのに口を出すな』と腹を立て、言い返してくる。人の見ていない所で、うちの孫をいじめる」
　　時々気持ちが通わないと思い(2)、返上しようと思ったことも何度かある(2)

《事例7》(*851) ①ひどく養育困難
8歳8か月・男子　他の里親や親せきをたらいまわしにされた後、5歳のときに来た。
「『自分には、親はいらない』と言う。行方不明の父親姓を名乗るのは嫌だと言い、乳児の時亡くなった母親を恨み、親への思慕の情が皆無」
　　どうしても気持ちは通い合わないが(1)、返上を思ったことは全くない(4)

(2)恐怖の再現、トラウマ、脅威

　親に虐待されるという不幸な環境の中で過ごした子どもたちは、その折に経験したトラウマティックな出来事を、時に鮮明に記憶の中で呼び起こす。世界に対する恐怖の感情が里子の上に襲いかかる。このカテゴリーに分類された子は、なぜか実親の家庭から来た子が多い（実父母の家庭が、子どもにとってしばしば壮絶な環境であり得ることを示すものであろう）。

《事例8》(*621) ①ひどく養育困難
10歳2か月・女子　9歳のとき実親の家庭から来た。
「突然、『痛い！』『かゆい！』『寒い！』と長時間泣き叫ぶ。今は無くなって

きている。父親からの暴力を話すことがある」
　　　わりと気持ちは通っていて(3)、返上を思ったことは全くない(4)

《事例9》(*107)　①ひどく養育困難
10歳8か月・男子　3歳のとき実親の家庭から来た。
「眠る時、4つん這いで寝る。里母の首を6カ月ほど絞め続けた。首に何か巻いたり、首に襟がかかるのを嫌がる」
　　　** よほど壮絶な体験をしたのであろう。
　　　気持ちは時々通わないが(2)、返上を思ったことは全くない(4)

《事例10》(*137)　①ひどく養育困難
10歳11か月・男子　80歳の祖父母の家から来て11か月。
「わざと人をイライラさせる。すぐどこかに隠れてしまう。何も言わなくなる。当たりまえのしつけをバカにして、無視し、里親に従わない。時々玄関に寝かされたとか、首を絞められそうになったと話す」
　　　** 親による虐待で、祖父母の家に避難していたのかもしれない。
　　　わりと気持ちは通じ合っているが(3)、それでも返上を何度か考えた(2)

《事例11》(*082)　①ひどく養育困難
12歳2か月・男子　4歳のとき実親の家庭から来た。
「風呂で下を向いて洗髪ができなかった。頭の上に手が見えただけで、頭を手でかばった」
　　　気持ちがどうしても通わず(1)、自信を無くし(1)、何度も真剣に返上を考えた(1)
　　　** (3項目がすべて(1)) 養育破綻寸前の状況ともいえる。

《事例12》(*771)　①ひどく養育困難
12歳4か月・男子　0歳のとき乳児院から委託された。
「ボクはお母さんのおなかの中にいた時、毎日親が喧嘩している声を聞いた。

4章　虐待を受けた子が住む「心の世界」

『早く外に出ろ』とお母さんは言ったから、『ボクは早く生まれてきたのに、迎えに来てくれなかった』と3歳位の時に言った。よく泣き、暴れる子どもでした」

　　**　親への恨みから作られた空想物語か。しかし、現在は平穏の中にいるようである。

　　気持ちはとても通い合い(4)、返上を思ったことは全くない(4)

《事例13》(*665)　①ひどく養育困難
12歳8か月・女子　6歳のとき実親の家から来た。
「トイレに入るのを怖がる(常にトイレの中で生活していたとのこと)。食事の時に何度も『食べていいの？』と聞いてくる」

　　**　あり得ないエピソードという感じがするが、事実なのだろう。

　　気持ちは時に通じ合わず(2)、何度も真剣に返上を考えた(1)

《事例14》(*725)　①ひどく養育困難
17歳10か月・男子　16歳のとき実親の家庭から来た。
「肩が軽く触れるような場合にでも、「ごめん」の言葉が使えないので、ご・め・ん・と練習させた。ごめんと言う言葉に、恐怖心すら感じていた様子。いつも、あやまっていたのだろう」

　　気持ちはわりと通い合い(3)、それでも何度か返上を考えた(2)

《事例15》(*079)　①ひどく養育困難　発達障害
20歳7か月・女子　9歳のとき児童養護施設から委託された。
「親から腐った食べ物を1週間食べさせられた、夜中に起こされてコンビニに買い物に行かされたなどを、テレビを見ている時や食事中に突然、『思い出した、むかついた』と次々怒り出し、はき出し、一通り言い終わると静まる。外出先でも、思い出すと突然怒り出す。同じ話を何十回、何百回と繰り返す」

　　気持ちはあまり通じず(2)、自信を無くし(1)、真剣に何度も養育返上を考えた(1)

121

** 養育破綻寸前か。

(3) 人は怖い（里親も）、人を避ける（里親も）、周囲を警戒する

　実親との間での不幸な（考えられないほど壮絶な）体験は、実親へのネガティブな感情にとどまらず、しばしば「人一般」に対する感情、すなわち「人間観」に影響を及ぼすかのようである。誰もが、さまざまな人の間で生活し、温もりの多い人生の中にあるのに、里子たちは、いわば怖いもの、苦手なものが一杯の世界の中で、日々暮らしている。怖い人の中には、里親も含まれる。人に甘えられず、自分を信頼することもできない里子を育てていく里親の困難さを思う。

　「①ひどく養育困難」とする事例が多いのが特徴だが、行動上だけでなく、こうした「絆」「信頼」「甘え」の不在、「気持ち」の通い合わなさを含めて「①ひどく養育困難」とマークされた事例もあると思われる。返上を考えた里親が多いのもこのカテゴリーの特徴の1つで、実際に返上した里親も多くいたと思われる。ついに養育返上した事例についての、さらなる調査研究が必要ではなかろうか。

《事例16》（*012）　②
4歳9か月・男子　3歳のとき実親の家庭から来た。
「里親が少々口調を強くすると、目をぱちぱちさせたり、<u>手を握ると「痛い、放せ」とあばれたり、近づくと逃げようとする</u>」
　　　<u>どうしても気持ちが通じ合わず</u>(1)、自信を無くして(1)、<u>何度も養育返上を考えた</u>(2)
　　　** 養育破綻寸前か。

《事例17》（*861）　①ひどく養育困難　発達障害
5歳3か月・女子　4歳のとき実親の家庭から来た。
「裏表があり過ぎる。大人の行動を気にして、とくに目線を気にしている。<u>叱ると『怖い、怖い』と泣く</u>。（沢山あり過ぎて書ききれない）」
　　　気持ちはあまり通じないし(2)、自信も無くし(1)、<u>何度も真剣に養</u>

育返上を考えた(1)
　　** 養育破綻に近い状況か。

《事例18》(*111)　②
5歳7か月・男子　3歳のとき乳児院から委託された。
「始めてのことに固まる（5歳の今でも時々）。来て半年ほど、何かと頭やおなかをかばうしぐさをした。時々、鋭い目をする。半年ほどは上手に泣けなかった」
　　　　時々気持ちが通じないと感じ(2)、自信を無くしたが(1)、返上はほとんど考えなかった(3)。

《事例19》(*453)　①ひどく養育困難
6歳8か月・男子　2歳のとき委託されたが、どこから来たかは不明。
「リビングのドアをあけて、廊下へ出て行くときに、開け閉めに時間がかかり、ガラス窓から外を覗く様子が見られる。うろうろすることが多い」
　　　　気持ちはあまり通じず(2)、何度か返上を考えた(2)

《事例20》(*901)　①ひどく養育困難
8歳5か月・男子　3歳のとき乳児院から委託された。
「子供向けのテレビ番組でも、（例えばバイキンマンが登場する場面など）暗い場面が出てくると、とても怖がる。8歳の今もトイレに1人で行けない」
　　　　とても気持ちは通じる子で(4)、返上を考えたことも全くなかった(4)
　　** ひどく育てにくい子でも、気持ちの通じ合いが、養育継続のカギの1つかもしれない。

《事例21》(*859)　③
9歳4か月・女子　7歳のとき実親の家庭から来た。
「大人の顔色をうかがう。部屋に入らずに、戸のかげから、そーっと中をうかがう」

時々気持ちが通じないし(2)、返上の気持ちも何度かあった(2)
　**わりと育てやすい子でも、気持ちが通じないと、返上の気持ちを起こさせるのかもれない。

《事例22》(*1010)　①ひどく養育困難
9歳6か月・男子　6歳のとき実親の家庭から来た。
「楽しいことをしようとか、ほしいものを買ってあげようとか言うと『嘘だ』と否定して、言うことをきかない。家庭で、よほどつらい目にあってきたのか」
　　　気持ちも時々通じないが(2)、返上を思ったことは全くない(4)

《事例23》(382)　①ひどく養育困難　発達障害
10歳・男子　8歳のとき実親の家庭から来た。
「知らない人の前に出ると、大きな声を出して耳をふさぐ、人の顔を見ようとしない。ハサミで、数字の形をずっと切っている。泣いている子をみると耳をふさぎ、固まる。身を隠す。身体に触られるのを嫌がる」
　　　時々気持ちは通じないが(2)、返上を思ったことは全くない(4)
　**発達障害で、ひどく育てにくい子でも、返上を思わずに育てていく里親もいる。

《事例24》(*538)　②
11歳・男子　6歳のとき来たが、経緯は不明。
「家でトイレに行く時、昼間でも、家の照明をONにする。トイレの電球もONにする。言葉をうまく言えない。たとえば学校から帰って来た時、『お帰り』と言うと『お帰』と、オウム返しをする」
　　　わりと気持ちは通じていて(3)、返上を思ったことは全くない(4)

《事例25》(*114)　①ひどく養育困難　発達障害
12歳・男子　実親の家庭から来て10か月になる。
「しゃべらない。大人を信じていないのか、自分より年少の子どもだけに話

4章　虐待を受けた子が住む「心の世界」

すことができる」
　　　　どうしても気持ちが通じ合わないので(1)、自信を無くしたが(1)、
　　　　返上を思ったことはほとんどない(3)。
　　** どうしても気持ちが通じ合わなくて、**養育に自信をなくしても、返**
　　　上を思わない里親もいる。

《事例26》（*275）　②
16歳11か月・女子　15歳のとき実親の家庭から来た。
「音に敏感。他人とすれ違う時に、できるだけ離れたがる」
　　　　時々気持ちが通じず(2)、何度か返上したい気持ちになった(2)

《事例27》（*422）　①ひどく養育困難
16歳11か月・女子　親戚や他の里親をたらいまわしにされた後、15歳のときに来た。
「1日中寝ていることがある。定時制高校から帰る途中、里親と一緒に帰ろうとしない。いつの間にか後ろにいる。暗いのに、明りがあるからと本を読みながら歩く」
　　　　時々気持ちが通わないが(2)、返上を思ったことは全くない(4)

《事例28》（*339）　①ひどく養育困難
19歳2か月・女子　15歳から養育。親戚や他の里親をたらいまわしにされて来た。
「家族で銭湯や温泉に入る時、他の里子（3人）や里親とは離れている。階段の上り下りには、自分の後ろに人がいると、極端に嫌がったり、怖がったりする」
　　　　気持ちも時々通わないが(2)、返上を考えたことは全くない(4)

《事例29》（*134）　①ひどく養育困難
20歳・女子　16歳のとき実親の家庭から来た。
「あらゆる人を信用していないようだ。むろん里親も」

気持ちがあまり通じないし(2)、何度も真剣に返上を考えた(1)
** **養育破綻寸前か。**

《事例30》(*580) ④
5歳11か月・女子　2歳のとき実親の家庭から来た。
「寝言で『痛い痛い！』と大泣きをし始め、その後で『ママ、行かないで！』と絶叫し、パニックになる。何度も同じようなことがあり、夜泣きが多かったが、3年経った今は無くなった。親の下で、よほどつらい目にあっていたのか」
わりと気持ちも通じていて(3)、返上を思ったことは全くない(4)

(4)再度、置き去りにされる不安(「見捨てられ不安」)

（親の死も含めて）さまざまな形で実親から引き離された里子たち。大きな喪失体験の下で、「見捨てられた」とする感情は、「抑うつ、怒り、恐怖、罪悪感、受動性、無気力、空虚感」の要因を含んでおり、それは時に、青年期になって病理を引き起こすと精神医学で解説されている。新しい環境で、里親への愛着形成が少しずつ可能になっていくことを祈りたいが、里子たちの脳裏には、この里親からもまた同じ目に遭わされるのではないかとの不安がよぎるのではなかろうか。しかし「見捨てられ不安」をもつ子には、ひどく養育困難でも、里親は返上を思わないようである。

《事例31》(*344)　①ひどく養育困難
7歳1か月・女子　妹と一緒に、5歳のとき実親の家庭から来た。
「来た当時、ほんの少しの時間でも、妹と2人だけで留守番するのを、ひどく嫌がった」
気持ちも時々通わないが(2)、返上を思ったことは全くない(4)

《事例32》(*775)　①ひどく養育困難　発達障害
9歳11か月・男子　8歳のとき実親の家庭から来た。
「里母と川遊びをしていて、里母が足を滑らせてこけたら、『死なんといて、

死んだらいややねん』と叫んで涙ぐんだ。母親が6歳で亡くなり、チンした食品やコンビニ弁当を食べていたようで、家庭料理を喜ばず、コンビニ弁当を好んだ」

　　　　　気持ちは時々通わないが(2)、返上を思ったことはほとんどない(3)

《事例33》(*199)　①ひどく養育困難
14歳4か月・男子　2歳のとき乳児院から委託された。
「ベランダに出て洗濯物を干す間も、敷居一本隔てた部屋にいられず、おんぶして（里母の首にしがみついて）いなければならなかった。そうでないと大泣きした。14歳の今でも、外を一緒に歩くときは、腕につかまってくる。家でも、里母の姿が見えないと、時々呼んで、里母がいることを確かめる。里母が出かけることを異常に嫌がった。『母ちゃん行かないで、いっちゃダメ』と言う。今でも時々言う」

　　　　　気持ちはとても通い合い(4)、返上を思ったことは全くない(4)

(5)不安な睡眠、夜泣き、1人で寝られない、やたらに泣く

　(4)で取り上げたような不安や恐怖の存在は、入眠時に現れやすい。多くの子どもに、睡眠の不安定さが顕著である。

《事例34》(*239)　①ひどく養育困難
4歳11か月・男子　0歳のとき実親の家から来た。
「表情が暗かった。乳児期はなかなか眠りにつけず、よく泣いていた。ミルクもあまり飲めなかった。今はだんだん食べるようになり、安心」

　　　　　わりと気持ちは通じているが(3)、養育に自信を無くして(1)、何度か返上を考えた(2)

《事例35》(*104)　②
7歳6か月・男子　5歳まで乳児院にいて、他の里親に移され、不調で、6歳のとき里親の下に来た。
「電気を消すと怯えた。天井のしみを見て『怖い』と言う。怖い夢の話を沢

山した。周囲に目だけが沢山あるとか、周りに指だけが沢山あると、指さした」

　　　　　気持ちはわりと通い(3)、返上を思ったことはほとんどない(3)

《事例36》(*142)　①ひどく養育困難
8歳10か月・男子　5歳のとき実親の家から来た。
「座るときはいつも正座で、食事の始まりはいつも『いただきます』と、返事が返ってくるまで何度も言う。『全部食べていいの』と聞くことも多かった。眠ることを嫌がって、夜中に眼を覚ますと里母を起こすことも多かった。時々寝言で『やめて、痛い』と言うことがあった」

　　　　　気持ちはとても通じていて(4)、返上を思ったことは全くない(4)

《事例37》(*195)　①ひどく養育困難
9歳4か月・女子　3歳のとき児童養護施設から委託された。
「寝ていてうなされる。食事に興味がない。ゴミが好き」

　　　　　養育に自信を失い(1)、何度も真剣に返上を考えた(1)

《事例38》(*106)　①ひどく養育困難
13歳3か月・男子　5歳のとき児童養護施設から委託された。
「13歳の今でもひとりで寝られない」

　　　　　気持はわりと通うが(3)、何度か返上を考えたことがある(2)

《事例39》(*122)　③
17歳10か月・女子　11歳のとき児童養護施設から委託された。
「始めの2年半ほどは、毎晩のように、夜中に泣いていた。夜中に家を出て外で泣くこともあり、一緒に2、3時間過ごすこともあった。中学生の間は、里母が添い寝をした」

　　　　　気持ちもとても通じていて(4)、返上を思ったことは全くない(4)

2 不安から逃れるために——外に向かっての攻撃、スキンシップを求める、自分を閉ざして内にこもる

　不安や時には恐怖の対象から逃れるために、里子たちはさまざまな対処行動をとる。外に向けて激しい攻撃の形をとることもあり、逆にスキンシップを強く求め、甘えや退行を起こし、また自分を閉ざして石になり、何も感じないでいようとしたりするなど、場からの逃避を図ろうとすることもある。

(1)攻撃と爆発

　物の破壊、人形の首を切る、ぬいぐるみを踏みつけるなどの、すさまじい攻撃的行動。暴言を吐く、弱い子や相手をいじめる、閉じ込める、危険な行為をする、剃刀のように怒りをぶつけてくる。表現のできないいらだちが、外への攻撃性となって放出される。

《事例40》(*250)　①ひどく養育困難　発達障害
10歳8か月・男子　1歳のとき実親の家庭から来た。
「虐待は別にして、ADHDその他で多動。<u>攻撃性がすさまじかった</u>。かみつき、押し倒し、ものを投げつけたり、走り回っていた。小2のとき、きょうだいの里子が入って来たが、とくに3歳の兄にいじわるがひどかった。命令口調、見えないところでのいじめ、言うことをきかないと部屋に閉じ込めて出さない。トイレに閉じ込める。パンチ。2年の夏休みが一番ひどかった。すぐキレるが、でも相手の気持ちのわかる優しい子です」
　　　　気持ちはよく通じ合っているが(4)、<u>何度か返上を思ったことがある</u>(2)
　　**すさまじいまでの攻撃性は、それまでの環境がもたらしたものか。里親もそれを感じているのか、気持ちも通じ合い、「相手の気持ちのわかる優しい子です」との言葉になっているのかもしれない。

《事例41》(*509)　①ひどく養育困難
11歳5か月・女子　5歳のとき児童養護施設から委託された。

「来た時は5歳でしたが、何事にも否定的で、ぬいぐるみを与えても足で踏みつけ、言葉で『フンジャ、フンジャ』と力を入れて踏んでいました。家族で大きな公園に行った時に、片足がカクン、カクンと力が抜けてしまい、そのまま地べたにあおむけに寝てしまって、びっくりしました。ベランダから物を投げたりはしょっちゅうで、ジュータンの下に物を隠したり、爪を黒マジックで塗ったり、壁やふすまに落書きしたり、選挙ポスターに火をつけたり、高尾山の山中で、幼稚園の帽子を飛ばしたり、家やスーパーで勝手にどこかへ走って行ってしまって、探してばかりいました」

　　　　気持ちはわりと通い(3)、返上を思ったことは全くない(4)
　　** これほど激しい子でも気持ちがわりと通い合い、返上を全く思わなかった里親もいる。事例43も同様。里親のそうした日々を支えたのは何だったのか。

《事例42》(*866)　②
12歳5か月・男子　乳児院、児童養護施設、他の里親を経由して、11歳で委託され、まだ8か月。
「大人には一見素直に応じるが、その場しのぎのことが多く、約束事や継続的なことができない。周囲に目が向かず、弱い者や小さい者には強気に出る。ゴミだらけの部屋にして、散らかり放題」

　　　　どうしても気持ちが通じ合わないが(1)、返上を思ったことは全くない(4)
　　** やや年長の里子には、返上を思ったことがないとする里親が多い。乳幼児の里親のほうがこの先の歳月の長さを思って、返上を思うのだろうか。

《事例43》(*227)　①ひどく養育困難
13歳6か月・女子　8歳のとき実親の家庭から来た。
「理由もないのに、一言声をかけると、剃刀のように怒りをぶつけてくる。暴言、乱暴な行為に、ハラハラドキドキの毎日。頭を壁にぶつけたり、階段から何度も飛び降りたり、物を投げる、足踏みをドンドンとする。家や学校

で人のものを盗る。家では財布からお金を抜くなど」

　　　気持ちはわりと通い合い(3)、返上を思ったことは全くない(4)

《事例44》(*359)　①ひどく養育困難
14歳・男子　4歳のとき実親の家庭から来た。
「<u>おもちゃをすぐに分解し、組み立てることをしない。人形の首をチョンパする。</u>友人と交わることが苦手で、特に女子と仲良くできない。自分では意識していないが、女子をいじめてしまう」
　　　** **女子と仲良くできない原因は、どこから来るのだろうか。記憶の中にある母親の姿だろうか。**
　　　気持ちは時々通わないが(2)、返上を思ったことは全くない(4)

《事例45》(*342)　①ひどく養育困難　発達障害（ADHD、アスペルガーと診断されている。赤ん坊のときにネグレクトされていた子）
16歳3か月・女子　15歳のとき実親の下から来た。
「<u>先生や友人に、『死ね』など暴力的な言葉を使うので、皆が耐えられない。</u>洗濯機を夜中も回すので、うるさくて眠れない。トイレや家のドアを家が壊れそうな位強く閉める。夜中に、クローゼットのドアをわざとバタンバタンと音を立てる。目つきが凄く、怖い人相になる。学校に化粧をしていくが、化粧を仮面のように濃くする。指図されるのが大嫌いで、『むかつくんだよ』と近所に聞こえるぐらいの大声で言う」
　　　気持ちもあまり通わず(2)、<u>養育返上を何度も真剣に考えた(1)</u>

(2)スキンシップを求める、里親から離れない

　膝に座る、おんぶをせがむ、一緒に入浴したがる、里親が離れると大泣きする、1メートル離れても怖がる、24時間里親にべったり、1人になることを怖がるなど、不安解消のために退行し、まるで乳幼児のようにふるまう子どもたち。

《事例46》(*450)　①ひどく養育困難

4歳・女子　親戚や他の里親をたらいまわしにされた後、0歳のときに来た。
「大きな声に反応する。4歳まで、里親と離れると大泣きが続く」
　　　　気持ちはわりと通うが(3)、自信を無くして(1)、何度か返上を考えた(2)

《事例47》(*328)　①ひどく養育困難　発達障害
4歳1か月・男子　生後7日目で乳児院から委託された。
「1人になることを、極端に怖がる。1メートル離れただけで怖いと言うことがあり、びっくりした。沢山人のいるところでは、安心して遊べる。発達障害の知識がなくて受けいれた。今はだいぶ穏やかな子になった」
　　　　気持ちはわりと通うが(3)、自信を無くして(1)、何度も真剣に返上を考えた(1)

《事例48》(*444)　②
5歳8か月・男子　2歳のとき乳児院から委託された。
「里父にべったりで、ひとりを嫌がる」
　　　　気持ちはわりと通い(4)、返上を思ったことは全くない(4)

《事例49》(*152)　①ひどく養育困難
6歳1か月・女子　2歳のとき乳児院から委託された。
「とてもスキンシップを求め、知らない人にも全く警戒心が無いので心配でした」
　　　　少し気持ちが通じないが(2)、返上を思ったことは全くない(4)

《事例50》(*233)　①ひどく養育困難
13歳2か月・女子　9歳のとき実親の家庭から来た。
「委託当初、褒めようとすると嫌がった。『私を褒めないで、ふつうにしといて』と言ったのには驚かされた。3年生から6年生頃迄は、膝に座る、おんぶしてと毎日のようにせがまれました。中学からはお風呂に一緒に入ろうと言われます」

気持ちはわりと通うし(3)、返上を思ったことは全くない(4)

《事例51》(*842)　①ひどく養育困難　発達障害
13歳4か月・女子　9歳のとき実親の家庭から来た。
「9歳になったのに、里母に24時間べったり。入浴も就寝も一緒でないと我慢できない。自分本位で、反抗的。祖父、父の死亡の経験にも、哀悼の言葉を発したことが無い。ADHDでリタリンを処方されている」
　　　　心も時々通わず(2)、自信を無くして(1)、何度か返上を考えた(2)

(3)心を閉ざす、話さない、自己抑制（感じない、泣かない）、石になる

　ブランコから落ちても泣かない。泣きも笑いもしない。無表情。おもちゃを取られても執着しない。泣くときも声を出さず涙だけ流す。泣くときには、タオルを口に入れて声を出さないように泣く。学校から帰ると部屋にこもって出てこない。何かあると「お父さんに言うの？」と言う。過去の話をしない子どもたち。

《事例52》(*1006)　②
3歳4か月・女子　2歳のとき乳児院から委託された。
「初めの頃、泣きもせず、笑いもせず、怒りもせず、無表情で、感情表現がうまくできず、これで子どもなのかと思った。子ども同士で遊んでいて、おもちゃをとられても、全く執着せず、物事にこだわりが無かった」
　　　　気持ちはわりと通じているが(3)、何度か返上を思った(2)

《事例53》(*492)　③
4歳5か月・男子　親戚や他の里親をたらいまわしにされた後、3歳で来た。
「声を上げて泣かない。困った時には作り笑いをする、聞こえないふりをする」
　　　　気持ちは時々通じないが(2)、返上を思ったことは全くない(4)

《事例54》(*012)　②

5歳6か月・男子　0歳のとき実親の家庭から来た。
「1歳過ぎた頃、夜中に寝ながら怒りだし、手や足をバタバタして手がつけられないことが、1か月位続いた。3歳位の時も、<u>夜中に静かに起き出して正座し、声を上げずに涙を流していた。これも1か月間ほど続いた</u>」
　　　　　気持ちはとても通じており(4)、返上を思ったことは全くない(4)

《事例55》（*476）　③
5歳6か月・男子　4歳のとき児童養護施設から委託された。
「<u>声を出さずに泣く。涙だけ流す</u>」
　　　　　気持ちもわりと通い(3)、返上を思ったことはほとんどない(3)

《事例56》（*629）　①ひどく養育困難
5歳7か月・男子　2歳のとき乳児院から委託された。
「<u>泣き声を自分で止めようと、タオルを自分で口に入れた。（実親からのしうち？）</u>」
　　　　　自信を無くして(1)、<u>何度も真剣に返上を考えた</u>(1)

《事例57》（*874）　①ひどく養育困難　発達障害
6歳10か月・女子　3歳のとき児童養護施設から委託された。
「<u>話しかけようとすると固まってしまい、話ができず、叱られるようなことをした時に注意されると、『嫌』といって大泣きする。里父とは交流ができているが、その他の家族とは話をすることができない。気に入らないと、知らぬ顔、舌打ち、足をバタバタさせたり、『バカ』『もう』などと言ってあばれる。人から勧められて里親になった</u>」
　　　　　どうしても気持ちが通じ合わず(1)、自信を失い(1)、<u>何度も真剣に返上を考えた</u>(1)
　　　＊＊ **養育破綻寸前か。**

《事例58》（*438）②
7歳2か月・男子　6歳のとき児童養護施設から委託された。

「言語、常識等が無知で、会話が成立しにくい。『お父さんに言うの？』とよく言っている。泣く時、最初の頃は涙だけ流し、声が出なかったが、数カ月後には、パニックのように泣き叫んだりするようになった」

　　　どうしても気持ちが通い合わず⑴、何度か返上を考えた⑵
　　** **養育破綻寸前か。**

《事例59》（*1012）　①ひどく養育困難　発達障害（特別支援学級在籍）
8歳8か月・男子　7歳のとき乳児院を経て児童養護施設から委託された。
「泣かない、痛がらない子でした。大きな声や暗いところに拒否反応をする。固まると何時間でもその場にいる」

　　　気持ちはかなり通い合い⑶、返上を思ったことは全くない⑷

《事例60》（*1015）　②
9歳8か月・女子　4歳のとき児童養護施設から委託された。
「ブランコから落ちても泣かない子でした」

　　　気持ちはわりと通い⑶、返上を思ったことは全くない⑷

《事例61》（*929）　①ひどく養育困難
13歳1か月・男子　実親の家庭から一時保護所へ、そこから里親の家に8歳で来た。
「食事中、『トイレに行く』と言って席を立ったまま、戻ってこない。心を閉ざし、隠れる（幽霊のように）。下校時、迎えに来ている里母から隠れ、勝手に帰る」

　　　心もあまり通わず⑵、何度も真剣に返上を考えた⑴

《事例62》（*637）　①ひどく養育困難
14歳7か月・男子　12歳のとき実親の家庭から来た。
「過去の話をすると、『そのような話はしないでくれ』と言われ、本人は、過去の話は一切しない。家でもプライベートなことは、極力話をしない。ほとんど本人とは会話しない（大人が苦手）」

　　　　　全く心が通わず(1)、何度も真剣に返上を考えた(1)
　　　** **養育破綻寸前か。**

《事例63》(*357)　①ひどく養育困難　発達障害
16歳・女子　親戚や他の里親の家をたらいまわしにされた後、6歳のときに来た。
「学校から帰っても、部屋に籠って出てこない。普通に話ができない。初潮になっても言わなかったので、いつなったかわからなかった」
　　　　　どうしても気持ちが通わず(1)、何度も真剣に返上を考えた(1)
　　　** **養育破綻寸前か。**

(4)鍵を閉める、防備する、閉所に入る、退行する、キャラの世界に入る

　いつも誰かから狙われているかのように、外界への防備の姿勢を崩さない。押し入れや暗いところに閉じこもる。胎児のように丸まって寝る。服を脱がせようとすると、嫌がって泣き叫ぶ。キャラクターの世界にいて、独り言をいっている。いつも人の顔色をうかがい、行動を見ている子どもたち。

《事例64》(*350)　②
8歳・男子　3歳のとき親戚から来た。
「同年齢の子の半分位の体格。押し入れや暗いところに閉じこもる。叱ると、周りの物を投げ散らす」
　　　　　どうしても気持ちが通じ合わず(1)、自信を無くして(1)、何度も返
　　　　　上を考えた(2)
　　　** **養育破綻寸前か。**

《事例65》(*347)　②
9歳2か月・男子　5歳のとき実親の家庭から来た。
「帰ったら、玄関のカギを必ずすぐ閉める」
　　　　　気持ちはあまり通じ合わず(2)、自信を無くしたが(1)、返上を思っ
　　　　　たことは全くない(4)

《事例66》(*184)　①ひどく養育困難
10歳1か月・男子　5歳のとき児童養護施設から委託された。
「委託された当時は、胎児のような格好で寝ていた。手をすくめ、足をすくめ、頭を丸くしていたので、びっくりしました。その後だんだん大の字になって寝るようになりました。でもその後も時々、胎児のような格好をしました。服を着替えさせるために手伝おうとすると、大きな声で嫌がり、泣くし、お風呂に入るために服を脱がそうとしても、嫌がって泣き叫ぶので困りました」
　　　　　心はわりと通い合うが(3)、何度か返上を思ったことがある(2)

《事例67》(*251)　②
12歳2か月・男子　9歳のとき実親の家庭から来た。
「常にキャラクターの世界にいて、セリフを言っている。自分の意に添わない時は『死ね』『殺す』と言う。常に人の顔や行動を見て、自分は何もせずにその場にじっとしている」
　　　　　心はあまり通わないが(2)、返上を思ったことは全くない(4)

《事例68》(*662)　①ひどく養育困難
16歳8か月・男子　12歳のとき児童養護施設から委託された。
「不審者が来ると言って、常に武器（おもちゃの刀や剣）を離さなかった。夜寝る時も枕元に必ず武器を置いて寝た」
　　　　　心はわりと通うが(3)、何度か返上を思ったことがある(2)

③ 心の裡と欲求──いらだち、羨望、助けてほしい、死にたい

　心に傷を負って、不安と恐怖の世界の中にいる里子たち。その不安から逃れようとするときの行動の仕方はさまざまだが、逃れることは容易ではない。里子たちは、漠然としたいらだちの中にいる。自分のほしいものは何でも手に入れたいと思う。そうすれば心のいらだちが収まるかもしれないと思うが、外で母親と一緒にいる幸せそうな幼児を見ると、失われた自分の過去

を思い、腹を立てる。こんな自分を可哀そうだと思ってほしい、助けてほしいと思っても、それを言い出せない。人に甘えたいと思っても、甘えられない。助けてほしいのに、助けを求められない。結局、自分を否定し、時には「死にたい」とさえ思う。無気力や活力のなさに支配されてしまう子もいる。

(1) 漠然としたいらだち

　言葉遣いが悪く、いつも怒り顔をしている。幼稚園児なのに「ムシしないでよ」と言ったのは事例73の子だが、その感情は、本人に意識されなくても、どの子の中にもあるのかもしれない。相手が里親だけに、些細なことで激しい感情表現をする。毎晩癇癪を起こす。慰められるのもいや、といって放って置かれるのもいや。眠りが浅く、新しい環境に適応するのが難しい。毎日どこかが痛いと言う里子の姿。中学生になってからは、事例74のように、言語化して「幸せな奴らに何がわかるか！」と、ハサミや剃刀で自傷行為をする子もいる。さまざまないらだちの表現が嵐のように見られる。

《事例69》（*658）　②
4歳1か月・女子　親戚や他の里親からたらいまわしにされた後、2歳で来た。
「言葉遣いが悪く、いつも怒り顔して尖っていた。外に遊びに行くと、お友だちのお母さんに懐く」
　　　　　わりと気持ちは通じていて(3)、返上の気持ちはほとんどなかった(3)

《事例70》（*802）　①ひどく養育困難　発達障害
5歳2か月・女子　2歳のとき実親の家から来た。
「ほぼ毎日、どこかが痛いと言うが、見ても分からず、毎日場所が変わる。米を計量カップで何度も床にぶちまけたり、歯磨き粉の中身を全部出してしまったり。絵本を何ページも破いて嬉しそうに見せに来た。布団カバーを切り抜いた。あまのじゃく。おむつやパンツ内に排泄したのに、かえたがらず、手を入れて、排せつ物に触る」

わりと気持ちは通じているが(3)、養育の自信を失い(1)、何度か返上を考えた(2)

《事例71》（*053）　②
7歳3か月・女子　4歳のとき児童養護施設から委託された。
「里親だけに、些細なことで激しい感情表現をする。大体が夜寝る前。3～4歳の頃は、全身が赤黒くなるまで怒っていて、自分の髪の毛をむしったり、里母の股の匂いをかいだりした。5～7歳の現在は、里母の胸にやたらに触りたがる。癇癪はほぼ毎晩で、全身が硬直し、足先やふくらはぎがこむら返りのようになり、痛みがある。里親が嫌がることに固執しやすく、自分でもいけないと思っても、やめられないようだ」
　　　気持ちはあまり通じないが(2)、返上を思ったことは全くない(4)

《事例72》（*621）　①ひどく養育困難
10歳2か月・女子　9歳のとき実親の家庭から来た。
「突然、『痛い！』『かゆい！』『寒い！』と長時間泣き叫ぶ。今は無くなってきている。父親から受けた暴力を話すことがある」
　　　気持ちはわりと通じていて(3)、返上を思ったことは全くない(4)

《事例73》（*123）　②
10歳10か月・女子　5歳のとき児童養護施設から委託された。
「幼稚園年長組で預かったが、すぐに『ムシ（無視）しないでよ』と言った。無視と言う言葉を知っていたことに驚いた」
　　　気持ちはわりと通じていて(3)、返上を思ったことは全くない(4)

《事例74》（*426）　①ひどく養育困難　発達障害
13歳・女子　9歳のとき里親の下に来たが、経緯は不明。
「一時保護所ではとてもいい子で、家に来て1週間目から怒りの爆発が起こり、慰められるのもいや、放って置かれるのもいや。落ち着きがなく、いつも不安定で、学校へ行くのも大変。眠りも浅く、夢見が悪い。新しいこと

に取り組んだり、環境に適応するのも大変で、何かと家では大騒ぎ。中学になると『しあわせな奴らに何が分かるか！』と怒り、最後はハサミや剃刀をもって、自傷に走る。しかし学校では絶対にいい子で、ぼろを出さないので、皆に信頼されている。里父は無視の対象です。(実親の片方がうつ病)」

　　　<u>どうしても気持ちが通じず</u>(1)、自信を無くし(1)、<u>何度も真剣に返上を考えた</u>(1)
　　** **養育破綻寸前か。**

(2) 何でもいいからほしい、独り占めしたい

　絶えず空腹で、食べ物を独り占めしようとする。ものを買って、買ってとねだる。欲望が果てしない。それによって、心の中の大きな空洞を埋めたいと思っているかのような里子たち。

《事例75》(*802)　①ひどく養育困難　発達障害
5歳2か月・女子　2歳のとき実親の家庭から来た。
「<u>欲望が果てしない。会話、絵本、テレビ、等の内容を、すべて食べたい、したい等につなげてしまう</u>。すぐに、かなわないと、獣のように泣き続ける。泣いているうちに、新しい要求に次々と変わって行く。解決できることはしてあげるが、何も聞こうとしない。言葉をリピートして、かぶせてくる。一旦火がつくと、もがいて抱っこもできない。そのうち寝そべって暴れ、ひとりで、床をドンドンと大きな音を立てて蹴り続けながら、『いやだ、いやだ』と、私の目を凝視しながら、さらに大きな声で泣きわめく」

　　　気持ちはわりと通じ合うが(3)、養育の自信を無くし(1)、<u>何度か返上を考えた</u>(2)

《事例76》(*702)　②
11歳11か月・女子　4歳で委託されたが、委託経緯は不明。
「不都合なものは隠す。幼い頃は、尿や便のついたパンツを隠す。学童期は、お菓子を盗み食べして、包装紙を隠す。<u>菓子など、現在も自分だけで食べ、他の家族に分けようとしない</u>」

気持ちはあまり通じず⑵、養育に自信を無くして⑴、<u>何度か返上を考えた</u>⑵

《事例77》（*196）　②
15歳・男子　14歳のとき児童養護施設から委託された。
「初めの1週間、食事の時にはまず、<u>おかずを1人で抱え込み、確保した</u>」
　　　　気持ちはわりと通じており⑶、返上を思ったことはほとんどない⑶

《事例78》（*353）　①ひどく養育困難　発達障害
16歳7か月・女子　9歳のとき実親の家庭から来た。DVで母親死亡のため。
「<u>他の里子に攻撃的で、里母の独占欲が強い。人を許せない。人に完ぺきを求める</u>。中学から、ひきこもり、うつ、登校拒否で、病院とカウンセラーに通っている」
　　　　気持ちもあまり通じないが⑵、返上を思ったことは全くない⑷

《事例79》（*202）　②
16歳10か月・女子　6歳で来たが、委託経緯は不明。
「<u>絶えずおなかがすいているようで</u>、初めのころ、冷蔵庫の前から離れなかった」
　　　　気持ちはとても通じていて⑷、返上を思ったことは全くない⑷

《事例80》（*433）　①ひどく養育困難
19歳5か月・女子　11歳のとき児童養護施設から委託された。
「食事について、強いこだわりがあった。日常生活のしつけや手伝いも、何もできなかった。<u>自分のものを買ってほしくて、『買って、買って』と、毎日しつこく言っていた</u>。それ迄、十分食べさせてもらえず、自分のものを買ってもらっていなかったように感じた」
　　　　気持ちはわりと通じていて⑶、返上を思ったことはほとんどない⑶

(3)幸せな子への嫉妬

　何ももっていない自分に比べ、幸せそうな親子連れを見ると固まってしまう。他の園児と母親が話す姿を見ると、手をつけられないほど怒る。

《事例81》(*317)　②
6歳8か月・女子　乳児院、児童養護施設を経由して、3歳のときに委託された。
「外出先で、親子連れ（赤ん坊を抱っこしたり、ベビーカーにのせている姿）を見ると、凝視。固まっていた。現在は気にならなくなっている様子」
　　　　気持ちは時々通じないが(2)、返上を思ったことは全くない(4)

《事例82》(*830)　①ひどく養育困難　発達障害
9歳11か月・男子　2歳のとき乳児院から委託された。
「（妊娠中のシンナー吸引の影響がどれほどのことかわからないが）発達障害と情緒不安定がある。自分は決して先に寝ない。里父母が本当に眠ってからでないと寝なかった。幼稚園の時、他の園児が母親と話すのを見ると、手がつけられないほど怒って、言うことを聞かなかった」
　　　　気持ちはわりと通じているが(3)、自信を無くして(1)、何度か返上を思ったことがある(2)

(4)可哀そうだと思ってほしい、助けてほしい

　誰にでも無差別についていく。デタッチメントと名付けられる行動である。誰彼となく同情を買おうとして、「助けて」と言う。人への無差別な接近行動は、愛着形成の不十分さ、寄る辺のなさがもたらす行動であろう。

《事例83》(*757)　①ひどく養育困難
7歳6か月・女子　2歳のとき乳児院から委託された。
「委託されて2か月は無表情、無反応。その後優しくしてくれた人には誰にでもついて行く。店に入ると店員に『助けて！』と泣きながら抱きつくな

ど」
　　　気持ちはわりと通うが(3)、養育に自信を無くして(1)、何度か返上
　　　を考えた(2)

《事例84》(*611)　①ひどく養育困難
12歳・女子　9歳のとき、乳児院を経由し児童養護施設から委託された。
「里父から暴力を受けたと嘘をつく。嘘がバレると『可哀そうに思われたかったから』と言う。サンタからプレゼントをもらって喜んでいる園児に、園長が用意したものだとばらしてしまう。近所の友人宅や担任に、里父母から受けた〈本当でない仕打ち〉を種々話し、みなから同情を買おうとする（これはほんの一部です）」
　　　気持ちは全く通わず(1)、養育に自信を無くし(1)、何度も真剣に返
　　　上を考えた(1)
　　＊＊ **養育破綻寸前か。**

《事例85》(*351)　②
12歳7か月・女子　8歳のときに実親の家庭から来た。
「食事を動物のようにがっついて食べた。眠る前に、不安、孤独を感じていたのか、1人で中々寝られなかったし、性器いじりがやめられなかった。自分が思うようにいかないと、自分のベッドになわとびの縄をかけて、自殺の真似をして気を引こうとした」
　　　気持ちはわりと通じ(3)、返上を思ったことは全くない(4)

《事例86》(*510)　①ひどく養育困難
14歳5か月・女子　6歳のとき児童養護施設から委託された。
「多数の人が集まっているところで、里母を指差して、『この人は、何もくれない』『お菓子もくれない』と言って大騒ぎする」
　　　どうしても気持ちが通い合わず(1)、何度か返上を考えた(2)
　　＊＊ **養育破綻寸前か。**

(5)死にたい、自己否定

　自分を否定する。自分を大切なものと思えない。「死にたい、殺して」と言う。里親はたまらないであろう。

《事例87》(*731)　②
7歳5か月・男子　5歳のとき実親の家庭から来た。
「夜遅くの外出を怖がる。『昔、お母さんはね』と話し、家には絶対帰りたくないと言う。始めのうち『どうせ僕はバカだから』『死んだ方がいい』『死にたい』という言葉が多かった」
　　　　気持ちはわりと通じていて(3)、返上を思ったことはほとんどない(3)

《事例88》(*436)　②
9歳11か月・男子　1歳のとき乳児院から委託された。
「自分を大切にしない。眠くなった時、床に額を打ち付ける」
　　　　気持ちはわりと通じ(3)、自信は無くしたが(1)、返上を思ったことは全くない(4)

《事例89》(*449)　②
15歳・男子　6歳のとき実親の家から来た。
「里親が叱った時ほど、自分の存在を否定する言葉が聞かれる」
　　　　気持ちはわりと通い(3)、返上はほとんど思わなかった(3)

《事例90》(*325)　①ひどく養育困難
17歳4か月・女子　乳児院から児童養護施設に入り、15歳で実親家庭に戻り、2か月半で再度不調。15歳で里親の下に来た。
「普通に見えるときでも『早く死にたい』『殺して』と度々言う。人とのコミュニケーションを極度に恐れていて、相手は本人のことを気にしていないのに、攻撃的な言葉や顔つきをする。里母にも」

気持ちも時々通じないし(2)、何度か返上を考えた(2)

④ いつまでも消えない不安

　人生の初期に人（親）との関係から生まれた不安を取り去ることは容易ではなく、心の奥にしばしば残り続ける。自分を閉ざし、人とかかわるより1人の世界にいることでかろうじて安住できるかのようである。しかし、それが本当に魂の平穏かどうか。活力を喪失した状態の子どもの姿がある。

(1)人に甘えない、甘えることを知らない、助けを求めない

　困ったときでも人に助けを求めない。痛いときでも里親に助けを求めず、遠くに走って行ってしまう。甘えることを知らず、抱っこしようとすると、すうっと離れてしまう。人は自分を助けてくれる温かい存在だと思うことができない子どもたちなのか。

《事例91》（*831）　③
4歳4か月・男子　2歳のとき乳児院から委託された。
「来た当時、誰の添い寝も嫌がり、自分の足をもって寝た。自分で何でも解決しようとする。痛い時など、遠くへ走って行ってしまう。里親に寄ってこない。真実告知をした時は、4歳なのに『全部知っているから、もう言わないで』と言われた」
　　　　気持ちはよく通じているが(4)、自信を無くして(1)、何度か返上を
　　　　考えた(2)

《事例92》（*424）　①ひどく養育困難　発達障害
4歳11か月・男子　3歳のとき乳児院から委託された。
「大人にはとても媚びるが、素直に甘えることができない。甘え方がわからないので、抱きつく姿もなく、抱っこしようとすると、すうっと離れてしまう。わからない」
　　　　どうしても気持ちが通じ合わないが(1)、返上を考えたことはほと

んどない(3)

《事例93》(*361) ③
16歳10か月・女子　一時保護所、他の里親、児童養護施設を転々として、4歳から委託された。
「甘えることを知らず、ほしいものがあっても、じっと見ているだけ」
　　　　　気持ちはあまり通じないが(2)、返上は全く思ったことがない(4)

《事例94》(*718)　①ひどく養育困難
16歳11か月・女子　11歳のとき実親の家から来た。
「困った時にも助けを求めない」
　　　　どうしても気持ちが通じ合わず(1)、何度か返上を考えた(2)
　　**養育破綻寸前か。

(2)ふれあいや、濃い人間関係を嫌がる

　その場だけの優しそうな人について行って、離れなくなる。デタッチメントと名付けられている状態である。

《事例95》(*141) ④
1歳2か月・男子　0歳のとき乳児院から委託された。
「抱っこを嫌がって、体をそらせる。体に触れられるのを嫌がる。とくに就寝時、体にさわられるのを嫌がる」
　　　　　気持ちもわりと通じていて(3)、返上を思ったことは全くない(4)

《事例96》(*313) ②
5歳1か月・女子　4歳のとき乳児院から委託された。
「ふとした時に、凄く暗い表情をする。同い年の幼児と遊ばず、幼稚園でも1人遊んでいた。親、兄弟という関係が分からないようで、男だとパパと呼ぶ」
　　　　　気持ちはわりと通じており(3)、返上を思ったことは全くない(4)

《事例97》(*243) ②
9歳5か月・男子　3歳のとき乳児院から委託された。
「知らない人、その場だけの優しい人について行く、そして離れなくなる。家族など、濃い人間関係を嫌がる。周囲の人の様子や機嫌を伺う」
　　　気持ちはとても通じているが(4)、返上を何度か思ったことがある(2)

《事例98》(*001) ②
9歳4か月・男子　8歳のとき児童養護施設から委託された。
「スキンシップを極端に嫌い、頭をなでたり、肩を叩いたりしただけで、怒鳴りちらしたり、なぐりかかってきた」
　　　わりと気持ちが通じ(3)、返上を思ったこともほとんどない(3)

(3)活力の低下

　子どもはみな、活力に満ちて、未来を向いて、あたりかまわず跳ねまわる者たちのように思われるが、ここには子どもらしさとは反対の極にいる、魂を抜かれたかのような里子の姿がある。

《事例99》(*448) ②
13歳・女子　2歳のとき児相から委託された。
「口数が少なく、元気がなく、ボーっとしている感じだった。2歳にしては、あまり、走ったりができなかった」
　　　気持ちはわりと通じていて(4)、返上を考えたことは全くない(4)

《事例100》(*249)　①ひどく養育困難
15歳6か月・女子　実親から親戚へ、それから9歳で里親の下に来た。
「虚言癖があり、退廃的で、今がよければいい、みたいな考え方をする。大人をなめているような態度」
　　　気持ちはとても通じているが(4)、何度も真剣に返上を考えた(1)

《事例101》(*005)　②
16歳3か月・男子　15歳で里親の下へ来て8か月。経緯は不明。
「とても暗い、地の底に沈むような眼。気力が無く何も見ていないような眼。夢遊病者のように日々の行動をこなしている」
　　　　　気持ちはわりと通じており(3)、ほとんど返上を思ったことはない(3)

《事例102》(*127)　③
16歳11か月・男子　13歳のとき実親の家から来た。
「気力がなく、寂しい目をしている」
　　　　　気持ちは時々通じないが(2)、返上を思ったことは全くない(4)

5 「自分は世界から大切に思われていない」——まとめに代えて

　里親の目に映った里子たちの姿はさまざまだが、どの記述からも、世界における彼らの「寄る辺のなさ」を見る思いがする。この世に生を受けたとき、多くの子どもがまず目にするのは、愛と溢れるばかりの笑顔で自分を取り囲む人々の姿であろう。どの子も、自分が世界の中心に置かれ、世界を安全なもの、自分にとって好意的なものと感じながら、人生をスタートしていく。しかし、この資料に見る里子たちの姿は、一般の子どもの姿とあまりにもかけ離れている。里子たちは、怖いもの一杯の世界に突然投げ出され、世界から「自分は大切にされていない」と感じているかのようである。
　こうした里子の中の心の世界を理解し、その里子に寄り添いながら、共に長い旅をしていこうとしている里親たち。それは、里親が自ら志願し選択した道であるが、しばしば里子たちの姿は、あまりにも里親たちのもつ「子ども像」とかけ離れている。いわば異星から来た住人であるかのような里子たちに戸惑いながら、それでも懸命に寄り添おうとする里親たちの姿がある。むろん限界まで来て、養育を返上せざるを得なかった里親も少なくないと思われる。
　里親という熱い心をもった同伴者を得て、それぞれの里子たちの行く手

4章　虐待を受けた子が住む「心の世界」

に、1日でも早く、明るく大きな世界が開けることを願わずにはいられない。

《引用・参考文献》
深谷昌志・深谷和子・青葉紘宇（平成24年3月）「事例研究：被虐待児等の子どもを養育する里親の育児困難の現状とその支援——東京・沖縄・静岡の33名の里親の面接調査から」
深谷昌志・深谷和子・青葉紘宇（2013）『社会的養護における里親問題への実証的研究——養育里親全国アンケート調査をもとに』福村出版
深谷昌志・深谷和子・青葉紘宇（平成25年3月）「平成24年度全国里親家庭のアンケート調査と里親面接調査——里親による里子『療育』の日々、そして里子の心的世界」
深谷昌志・深谷和子・青葉紘宇（平成26年3月）「虐待体験と発達に問題をもつ里子の養育困難に関する研究——第2回里親全国調査（平成25年度）をもとに」
深谷和子（2014）「里親による里子『療育』の日々と里子の心的世界——平成24年度養育家庭全国アンケート調査から」『福祉心理学研究』第11巻1号

5章

「心の通じ合い」
──里子の養育を支える要因

深谷和子

人を支援しようとするとき、その前提には「関係の成立」がある。モノや金銭を与えるような支援ではなく、子育て支援のような対人の援助は、「関係」が成立しないと、支援の内容が相手の心に届かない。しかし「関係」がそうたやすくは生まれないことは、誰もが日常的に経験している。1つだけ言えるのは、人と向き合ったとき、「あなたに関心がある」「あなたは私にとって大事な人です」というメッセージが相手の心に届いた場合に、関係が成立するのではなかろうか。そのメッセージを相手が受け止め、その後のやりとりの中で、相手との心の絆が生まれる。

　そうした関係が築かれていれば、里親はどれほど手に余る里子であっても、（特殊な事情がなければ）養育を返上しないだろう。実親と子どもとの間に養育放棄がめったに生じないのも、長い親子の歴史の中で、相互に揺るぎない「関係」が成立しているからであろう。

　しかし里親は、ある日突然（里）親になる。そこで「関係」はどのように出来上がるのか。3章・4章で見てきたように、里子の多くは里親の家に来るまで虐待環境下にあって、いわば「異郷」の住人だった。しかも、今もPTSD（心的外傷後ストレス障害）状態の中にいる子どもたちである。こうした、自分たちとは違う「心の世界」にいる者たちとの「関係の成立」は、心理臨床の専門家でも容易ではなく、まして「ふつうの人々」である里親が、どれほど熱い心の持ち主であっても、時に里子の養育に行き詰まるのは当然ではなかろうか。

　里子の心の世界の特異性については、すでに3章・4章で見てきた通りである。こうした里子を養育している里親をどう支援すれば、里子との関係が成立し、養育が継続できるか、その要因の一端を探ってみたい。

1. 養育返上を考えた里親

　まず、里親が養育に難しさを感じている様子を、1章に掲げたいくつかの表から振り返ってみる（表1-9、1-10、表1-11再掲）。

　表1-9は、里親が養育に自信をなくしたことがあったかを尋ねたもので、

5章 「心の通じ合い」

表1-9 里子の養育に自信を無くしたこと（再掲） (%)

わりとあった	少しあった	あまりなかった	全くなかった
17.3	32.0	28.4	22.3

表1-10 家庭養育より施設養育に向いている子かもしれない（再掲） (%)

時々思った	たまに思った	思わなかった
9.4	16.1	74.5

表1-11 養育返上を考えたこと（再掲） (%)

何度も真剣に考えた	何回かある	ほとんどなかった	全くなかった
7.7	21.9	17.4	53.0

「わりとあった」17.3％、「少しあった」32％と、5割の里親がそうした日々があったと言っている。

表1-10は、里子が「家庭養育に向かない子」ではないかと思った日々を尋ねている。どんな子が施設養育に適しているかは別として、とにかく家庭で自分が育てるには手に余る子だと感じた里親は、「時々思った・たまに思った」を合わせると、25.5％もいる。「このままでは、里子も自分も不幸になる一方だと思ったこともあります」とは、ある里親による欄外の添え書きである。

その感情がさらに強くなると、ついには養育返上を考えるようになっていく。表1-11は、養育返上を考えたかどうかを尋ねたものである。「何度も真剣に考えた」里親は7.7％だが、「何回かある」とした里親は21.9％、合わせて3割近くがそうした日々があったと答えている。

では、どんな場合に養育返上を考えるようになるのか。里親を志願した動機と返上の気持ちの有無との関連を検討したが、両者の明確な関連は見出せなかった。

あらためて思うのは、親が子どもの養育を継続する際に働く要因は、子どもとの間の「気持ちの通い合い」に支えられてのことではなかろうか。そこ

にある、揺るぎない「関係」の存在ではなかろうか。

　今回の調査項目では、里親と里子の間に「気持ちの通じ合い」があるかを尋ねている。それと、養育困難や返上との関連を見ることで、里子養育、または養育返上の説明要因を明らかにできればと考えた。

2. 気持ちの通じ合いをめぐって

　ある日突然「親子」になった里親と里子の間に、関係、それもしっかりと「（里）親子関係」ができるのはいつだろうか。それとも、そうした関係は最後までできないものなのか。もしそれが出来上がれば、里親は、たいていの養育困難を乗り越えて、実親と同様に、里子の養育を継続できるのではなかろうか。

　しかし、こうした関係が、いつ出来上がったのかという問いに答えられる里親は、おそらくいないだろう。気がついたら、そうした（里）親子関係ができていた、または、まだ関係が出来上がっていない、という状態ではなかろうか。

　この点について聞いた項目が表5-1である。質問文は「子どもを何人か育てたお母さんは、実子の中にも、何となく気が合わない（気持ちが通じにくい）子がいるものだと言っています。あなたはAちゃんとの〈現在の（里）親子関係〉について、どんな感じをお持ちですか」である。

　表が示すように、里親の6％は、里子と「（気持ちが）どうしても通じ合わない」としている。実子だったらまず出てこない数字であろう。また「時々通じ合わない」が31.7％もいて、合わせると4割近くが、里子との間に「心の通じ合わなさ」を感じることがあると言っている。

　そうした通じ合わなさの感情が起きるときに「養育の自信」が失われ、「この子は家庭養育には向かない子ではないか」とも思えてきて、養育返上の気持ちが心をよぎるのではなかろうか。ここで2つの要因の関係を確かめてみる。

　表5-2は、養育返上の気持ちと気持ちの通じ合いとの関連である。

5章 「心の通じ合い」

表5-1 (里子との) 気持ちの通じ合い (%)

どうしても通じ合わない	時々通じ合わない	わりと通じ合う	とても通じている
6.0	31.7	38.4	23.9

表5-2 養育を返上しようと思ったこと×気持ちの通じ合い (%)

		何度も返上を真剣に考えた	何回かあった	ほとんどなかった	全くなかった
気持ちの通じ合い	どうしても通じない	36.4	43.6	12.7	7.3
	時々通じない	13.7	34.2	18.5	33.6
	わりと通じる	1.7	16.0	23.8	58.5
	とても通じる	2.3	9.0	7.7	81.1

表5-3 里子養育に自信を無くしたこと×気持ちの通じ合い (%)

養育に自信を無くしたこと		わりとあった	少しあった	あまりなかった	全くなかった
気持ちの通じ合い	どうしても通じない	42.9	41.1	12.5	3.6
	時々通じない	25.3	40.1	25.3	9.2
	わりと通じる	11.5	31.3	36.9	20.3
	とても通じる	9.0	19.7	23.8	47.5

　表が示すように、「(気持ちが) どうしても通じない」と考える里親では、36.4％もが「何度も返上を真剣に考えた」としている。この数字は「時々通じない」群では大きく減って13.7％、「とても・わりと通じる」群では、2％前後と僅少である。気持ちが通じ合うかどうか、すなわち「関係性の成立」が、養育継続の大きなカギであることが見えてくる。

　続いて表5-3は、気持ちの通じ合いと、養育の自信をなくしたこととの関連である。

　これも表5-2と同様の関係性が見られる。右端の「養育に自信を無くしたことは、全くなかった」の数字を見ると、「(気持ちが) どうしても通じない」里親ではわずか3.6％だが、数字は通じ合う程度にしたがって増加して9.2％、20.3％となり、「とても通じる」群では、自信をなくしたことが「全

くなかった」者は 47.5% にもなっている。気持ちの通じ合い、すなわち関係性の成立の有無が、この設問でも養育の自信のカギのようである。

3. 里子養育に破綻しかけている人々

　ここで、養育困難が極まった段階にいる里親の姿を見ていく。調査票5頁のVに収録した項目であるが、表5-1（気持ちが通じるか）から、表1-9（完全に自信を無くしたことがあったか）、表1-10（施設養育のほうが向いている子ではないかと考えたか）、表1-11（養育を返上しようと真剣に何度も考えたか）までの4項目で、選択肢のすべてに1「当てはまる」と答えた人々、すなわち「気持ちがどうしても通じ合わなくて、養育の自信を喪失し、家庭養育には向かない子と思い、返上を真剣に考えたことがある」人々がいるとしたら、それはほとんど養育破綻状態にあると言えるのではなかろうか。そうした人々はどのくらいいるのだろうか。

　表5-4では、そうした破綻状態にある里親の人数を見ている。

　表が示すように、918人のうち、12人がすべて1（合計ポイント4）で、いわば養育破綻の状態にあることを示している。1項目にだけ2（合計ポイント5）とした人を加えると、ほとんど養育破綻状態にある里親は、46人となる。あえて％を算出しなかったのは、これらの数字の重みを実感したかったから

表 5-4　養育困難を示す4項目について、該当すると答えた人の数

第1群（4点）	12人	46人	4項目すべてが1
第2群（5点）	34人		1項目だけが2で、他の3項目は1
第3群（7〜10点）	274人		
第4群（11〜15点）	598人		
計	918人（システム欠損値を除く）		

注　：選択肢
1) 気持ちの通じ合い（1. どうしても通じない　2. 時々　3.4. 通じる）（表5-1）
2) 子育てへの自信喪失（1. わりと　2. 少し　3.4. 違う）（表1-9）
3) 家庭養育には向かない（1. 時々　2. たまに　3. 思わなかった）（表1-10）
4) 養育返上の気持ち（1. 真剣に　2. 何回か　3.4. 思わなかった）（表1-11）
　これら4項目の合計ポイントが少ないほど養育破綻状態に近いことを示す（得点のレンジは4〜15）

である。量的データを扱っていると、われわれは、ともすれば少数例に注意を欠きがちになる。しかし、本サンプルの里親の中で、事実上、養育破綻を起こしていながら、なおも養育を返上せずに里子を育てている人々が、918人中50人近くもいることを、心に留めておきたい。そうしたいわば養育破綻状況にいる人々には、差し迫った支援が必要ではなかろうか。

4. 気持ちの通じ合いを阻むもの

　こうした「関係性」の成立はどのような要因で起きるのか。誰とでもいい関係を容易に築けて、広い交友関係の中にいる人々もいるし、そうした付き合いが苦手で、人間関係の築けない人もいる。むろん、フレンドリーな容姿や人柄の魅力の持ち主だから人が近づいてくるという場合もありそうだが、それ以上に、その場その場で相手の心を察した行動がとれるかどうかが、1つのカギではなかろうか。面接調査では種々の里親に出会ったが、中には、立派な人だが、里子を育てるのは向いていないのではないかと思うような固い人に出会うこともある。6章の養育を返上した事例には、そうしたタイプの里親の姿も、垣間見られるようである。

　1章で見てきたように、人の気持ちに対する「察しの力」があり、折々に柔軟に相手に合わせられるかどうかは、里親の側と里子の側の双方について言えそうである。しかし、里親のもつそうした資質や特性についての考察はさておき、ここでは、里子にそうした「察しの力」があるかどうかを見ていく。別の表現をすれば、人の心に鈍感であれば、友人その他の人間関係だけでなく、里親との「心が通じ合う」関係も成立しにくいのではなかろうか。

　まず表5-5は、2章の「人間関係の不器用さ」（表2-19）との関係である。
　表に見るように、Aちゃんと「（気持ちが）どうしても通じない」群では、Aちゃんに「人間関係の不器用さ」があると「とても」思う里親が62.5％もいる。「気持ちが通じ合う」程度にしたがって、不器用さの数字は24.6％、12.0％と順次減少して、「（気持ちが）とても通じる」群では5.4％と僅少である。

表5-5 人間関係の不器用さ×気持ちの通じ合い
(%)

		とても そう思う	少し そう思う	あまり そうでない	全く そうでない
気持ちの通じ合い	どうしても通じない	62.5	21.4	10.7	5.4
	時々通じない	28.9	33.3	25.8	12.0
	わりと通じる	11.6	26.4	37.4	24.6
	とても通じる	9.0	12.7	25.9	52.4

$p < 0.001$

　このように、養育継続には気持ちが通じ合うかどうかが1つのカギであり、それは里子の中にある、いわば人との関係を築く力、また、のちに見ていくように、相手が何を望んでいるか、どうしてほしいと思っているか等、「人の気持ちの察しの力」と関連があることが見えてくる。人の心を察する力が乏しく、里親との関係が成立しにくい子は、養育返上につながりやすいのではなかろうか。

5.「傾聴」による支援

　ここで、しばらく調査結果からの資料を離れる。人と人との関係が成立する要因は多種多様である。相性もあれば、偶然もあり、積極的なアプローチが功を奏することもある。しかし、対人援助の場合、例えば里親が里子と関係を成立させたい場合は、成り行きや偶然の機会を頼むわけにはいかない。対人援助職とでも言うべきカウンセラーがまず身につける「傾聴訓練」については、すでに序章（イントロダクション）でもふれた。
　傾聴のわかりやすい例と言えば、黒柳徹子さんの『窓ぎわのトットちゃん』の中で語られた、トモエ学園の小林宗作校長先生との出会いのシーンかもしれない（黒柳2015：初版は1981）。次にそのシーンをやや丁寧に引用する。

5章 「心の通じ合い」

1 『窓ぎわのトットちゃん』から

　黒柳徹子さんの『窓ぎわのトットちゃん』の出版は1981年で、以来750万部を売り上げたと聞く。英語、中国語にも翻訳されて、世界的なベストセラーでもある。
　今なら、ADHDの傾向をもつ子として、特別支援学級に入級したかもしれないトットちゃんは、60数年前、東京の公立小学校を退学させられた。この本は、母親が転校先を探して私学のトモエ学園に面接に行くシーンから始まっている。

>　このときトットちゃんは、まだ退学のことはもちろん、まわりの大人が手こずってることも、気がついていなかったし、もともと性格も陽気で、忘れっぽいタチだったから、無邪気に見えた。でも、トットちゃんの中のどこかに、なんとなく、疎外感のような、他の子供と違って、ひとりだけ、ちょっと、冷たい目で見られているようなものを、おぼろげには感じていた。(p38)

　トットちゃんは、子どもながら、自分について一種の不全感をもっていた子だった。
　校長室での面接で「何か聞かれて、お返事するのかな」とおそらく不安だったであろうトットちゃんに、校長先生は椅子を引っ張ってきて、とても近い位置に座ると、「さあ、なんでも、先生に話してごらん。話したいこと全部」と言われたのだった。「トットちゃんはものすごくうれしくなって」あとから気づいたら、なんとお昼の鐘が鳴るまで、4時間近くもしゃべり続けたのだった。

>　本当にもう話はなくなった。トットちゃんは少し悲しいと思った。校長先生はトットちゃんの頭に大きくて暖かい手を置くと『じゃ、これで、君は、この学校の生徒だよ』そういった。そのときトットちゃんは、なんだか、生まれて初めて、本当に好きな人に逢ったような気がし

た。だって、生まれてから今日まで、こんな長い時間、自分の話を聞いてくれた人はいなかったんだもの。そして、その長い時間のあいだ、1度だって、あくびをしたり、退屈そうにしないで、トットちゃんがはなしてるのと同じように、身をのり出して、一生懸命、聞いてくれたんだもの。(p37、アンダーラインは筆者による)

　人と人との関係が成立するには、まず相手の話を心を込めて聴く態度が必要である。すなわち、「傾聴」が、そのレッスンの第1ページではなかろうか。校長先生はトットちゃんの長い長いおしゃべりを、4時間もの間、「傾聴」してくれたのだった。

2 「あなたは大切な人」というメッセージ

　われわれは、日常的に多くの人と言葉のやりとりをしている。しかし相手の言葉の多くは、単に音として「聞いている」だけなのかもしれない。「傾聴」とは、ただ単に相手の言葉を聞く、音として耳に入れるだけではなく、心を込めて聴くこと。いわばからだ全体を耳のようにして、心を傾けて「聴く」ことである。
　専門家はこう指摘する。「聴くことは思いのほか難しい」「聴くことは、心を使って相手の心を受け止めることである。自分の思いは横に置いて」(平木 2013)。
　人の話を聞くとき、面白いこと、自分が関心のあること、自分の価値観と一致する内容が語られる場合には、自然に耳を傾ける。傾聴する。しかし、つまらないこと、関心のないこと、自分の価値観に合わないことを聞き続けることは、非常に苦痛である。それでもなお、相手の言葉に心から耳を傾ける(傾聴する)ことができるとしたら、それは、相手に大きな関心があるとき、相手をこのうえなく大事な存在と思うときではなかろうか。言葉を変えれば傾聴は、「私はあなたに関心をもっています」「あなたは私にとって、大事な存在です」というメッセージを送ることである。
　ストーカーのように相手が迷惑な場合は別として、たいていの場合は、人

5章 「心の通じ合い」

からこうしたメッセージを送られたら、また、折にふれてそのメッセージを送り続けられることで、人の心は次第に相手に引き寄せられる。それが「心の通じ合う」関係の成立ではなかろうか。それはスキルというより、その人の態度そのもの、里親の里子に対する態度そのものから生まれるのではなかろうか。

また、虐待の深刻な現場にいる専門家は、傾聴について、こう語る。

> （相手の）語ることを、否定せず、分析せず、助言せず、同情せず、同感せずに、ただ共感して相手の感情を認めてあげること、これが「聴く」という共感的傾聴である。
>
> いじめや性的被害など、さまざまな暴力の被害を受けた子どもたちに「聴く」という心の手当てをする。決して難しいことではない。人の痛みと恐怖に共感する心と、安易に同情しない姿勢と、子どもの持つ回復力への信頼と、ほんのちょっとの勇気とがあれば、誰にでもできることだ。つい助言をしてあげなければと思ってしまう人は、まず自分の口は閉じて、相手の口を開かせてあげてほしい。発言や指導よりも、聴くことの方がはるかに相手の力を引き出すことができるのである。
>
> 子どもが最も必要としているのは、自分のことを気にかけてくれる大人の存在だ。聴いてくれる大人に出会えたか否かが、その後のその子の人生を左右する決定的な要因となるのである。
>
> 「聴く」ことはあなたが子どもとその家族にあげることのできる最大の贈り物である。

（森田 2008, pp.28-29）

人は聴き手を求めてやまない存在である。誰もが「自分に関心をもってほしい、自分に共感してほしい、自分を大切なものと思ってほしい」と願っている。「傾聴」されることによって、その欲求が満たされる。カウンセリングとは、お金を払ってでも、そうした聴き手を求める行為であるとも言え

る。

　必ずしも、いい答えをもらおうとか、どうすればいいかのヒントをもらいたいと期待しているわけではなくて、誰かに聞いてもらうこと、聴き手を得て語ること、人生で聴いてくれる人をもつこと、それによって、その人の再生が起こる。

③ 「関係」の成立

　再び『窓ぎわのトットちゃん』に戻る。校長先生に、4時間にもわたって自分のおしゃべりを「傾聴」してもらったトットちゃん（黒柳徹子さん）は、「この人なら、ずーっと一緒にいてもいい」と書いている（p38、アンダーラインは筆者）。
　そしてまた入学後も校長先生は、「君は、本当は、いい子なんだよ」と、トットちゃんに言い続けてくれたのだった。
　問題をもつ子は、生まれてからずっと「あなたはダメ、あなたは悪い子、いい子にならなければ愛してあげません」と言われ続けて、いつの間にか「自分はいい子じゃないんだ」と思っている子（不全感をもっている子）である。「本当は、いい子なんだよ」という校長先生の一言は、トットちゃんの「自己否定」を「自己肯定」（自分はいい子なんだ！）に変えたに違いない。校長先生は4時間に及ぶ傾聴の後も、機会あるごとに、トットちゃんにこうしたメッセージを送り続けたのだった。今日の黒柳徹子さんの活躍は、そのメッセージあってのことではなかろうか。
　ちなみに、傾聴の苦手な人のタイプは次のような人々で、自分では気づきにくい特徴かもしれない。

①ふだんからおしゃべりな人（もの事を深く考えない人）
②やたらに人に教えたり指導するのが好きな人（または教師など、教えることを仕事にしている人）
③（劣等感があって）知識で相手に優越したい（勝ちたい）と思っている人
④自己チュウ（自己中心的な）で、相手の気持ちに鈍感な人、空気の読め

ない人
⑤相手を（内心で）バカにしている人

　これから里親が出会う子ども、とりわけ親から十分な保護を受けられずに不幸な環境下で生育した子どもに、心さえあれば、特別な技術を要しないでできる「傾聴」によって、「あなたは大切な人」というメッセージを里親は送り続けることができる。それが心を閉ざした里子とのよき「関係の成立」をもたらすのではなかろうか。

6. 養育のつまずきを乗り越えさせるもの

　最後に養育返上を考えた里親が、なぜ返上を思いとどまったかについて資料を見てみる。
　表5-6は、養育返上の気持ちがあったと答えた里親に、「結局、返上されなかった理由はなぜですか」と尋ねた結果である。
　まず、里子の養育に対する責任感の存在がある。「①里子に対する責任を考えて」に、「とても（そう）」とした里親は60％、「わりと（そう）」を合わせると、実に85％の人々が「里子に対する責任」からと答えている。「違う（そうではなかった）」とした人は、わずか3.8％である。
　同様に、そうしたいわば「強い心」と関連して、「②自分の信念を通したかった」とした人々がいる。「とても（そう）」が28.9％、「わりと（そう）」が29.8％で、合わせて6割近い人が、「自分の信念を通したかったから」と

表5-6　養育を返上しなかった理由
(%)

	とても	わりと	少し	違う
①里子に対する責任を考えて	60.0	25.4	10.8	3.8
②自分の信念を通したかった	28.9	29.8	23.0	18.3
③周囲の励ましに支えられて	29.2	18.3	22.1	30.4

注　：「返上を考えた」人の中の割合

答えている。「違う（信念からではない）」は18.3%と僅少である。

　そうした里子の養育への強い思いに比べると、外側からの力を示す数字はやや低い。「③周囲の励ましに支えられて」では、「とても（そう）」は29.2%、「わりと（そう）」はやや減って18.3%、合わせて47.5%となっている。そして「違う（サポートや励ましからではない）」と言い切った人も30.4%いる。周囲からのサポートの種類はさまざまであろうが、それに支えられた人々もいるものの、「自分の力」で強く乗り越える人のほうが多数であることを示している。

　しかし、この結果は少し悲しく心に響く。実子の場合、誰がこんなにも固い意志と責任感をもって、悲壮な決心をして、わが子を育てていくだろうか。ふつうの親子関係は、もっと自然に、子どもと心の通い合う喜びの日々の中で営まれているのではなかろうか。里親の内なる強い意志や、外からの強力なサポートは得がたいものではあるが、里子との間に生まれた「心の通じ合い」からの、よき「関係」に支えられた無理のない養育の日々であってほしい。「傾聴」は、カウンセリングの際に、カウンセラーがクライエントとの間に関係を作り出すための技法とも言える。

　里親と里子の場合にも、それに近い「関係」で養育の日々が展開されるように、少し意識して里子の話を「傾聴」しようとすることで、よき（里）親子関係が成立するのではなかろうか。

《引用・参考文献》
黒柳徹子（2015）『窓ぎわのトットちゃん』講談社文庫
古宮　昇（2008）『傾聴術――ひとりで磨ける"聴く"技術』誠信書房
平木典子（2013）『図解　相手の気持ちをきちんと〈聞く〉技術』PHP研究所
森田ゆり（2008）『子どもへの性的虐待』岩波新書

6章

養育返上を考える

青葉紘宇

里親子の間に起きるトラブルや葛藤には、さまざまなパターンと背景がある。他人が一緒に暮らし始めるときに経験する里親子の間での気持ちのすれ違い、想定外の赤ちゃん返りの厳しさ、反発や反抗などのつらい関係が生じてくる。そしてこのような葛藤が里親子の関係に抜き差しならぬ「不調」として表面化する。こうした状況は双方にとって心に深い傷を残すので、できるだけ避けなければならないが、一方では解決に向けて努力する営みが深い人間関係を築くスタートになることに気づいてほしい。里親子の葛藤の例を見ながら、養育のあり方と関係の回復について考えることにする。

　筆者は長年の里親生活の中で、里親子関係の不調に陥った子どもを一時的に預かり、生活を共にしながら「元の鞘」に収める役割を担った経験をしたことがある。里親養育においては、不調とそこからの回復の過程に子育ての一筋の光を見ることもできる。里親なら誰でも不調やそれに近い経験をしており、そこをどう乗り越えるかが里親養育の真骨頂とも言える。

　里親関係者の間で、里親子不調とは「養育継続困難」を指すことが一般的である。一方、「分離」を里親が自ら選ぶという発想に立つと「養育返上」という表現が適しており、どの視点に立つかで里親子の歩む道筋が変わってくる。養育返上に至る道筋はさまざまな段階があり、里親子関係解消の一歩手前で踏みとどまるのか、里親返上まで進めるのか、その境目の判断は難しい。他人の子どもと生活を始めれば、多くの里親子は一通りの葛藤を経験することになり、「不調」イコール「養育返上」と単純な図式で捉えるのではなく、幅広いグレーゾーンのあることを前提にしておきたい。ここでは養育返上の例に加えて、里親子の葛藤がピークに達した例を見ながら、不調の意味を考えてみる。

　まず、不調の事例数がどの程度把握されているのか、行政統計と全国児童相談所長会による報告書から数的把握を試みることから始め、次いで里親子の不調の事例を検討していく。

1. 行政統計から見た里親子不調

　不調に関する数的把握を試みた資料は多くない。この種の資料が少ないのは、里親子のプライバシーにかかわるために公にしにくい面があること、児相内で話題にすることが主となり、守秘義務が課されるために情報が公開されにくいことによる。加えて複雑な背景を理解しないと客観的な判断が難しい領域にあること、また不調の定義も曖昧で人によって解釈が分かれることが不調の研究を進めるブレーキとなっている。平成23（2011）年7月「児童相談所における里親委託及び遺棄児童に関する調査」（以下、児相データ）による全国規模の調査がある。また、平成24年度厚労省家庭福祉課の「社会的養護の現況に関する調査」（以下、福祉課データ）の中に里親委託・委託解除の状況が公表されており、行政の尺度（数値）から不調事例数を類推することができる。

　この2つのデータの作成は、児童福祉司が自分の担当ケースについて個別に記入し提出したもので、児童票に記載されている内容と同じと考えられ、行政が里親子の関係をどう見ているかの一端がわかる。

1 児童相談所のデータによる不調

　表6-1は、不調の結果措置解除となった件数を、年齢別および養育困難の内容別に集計したものである。

　乳幼児期は人見知りが始まる時期でもあり、この時期の関係破綻は乳幼児の心をつかむことの難しさによるのだろう。赤ちゃん返り等への対応に苦しむ里親の姿が浮き彫りになっている。もちろん、難しさの背景には不適切な養育を経験している子どもと里親の間に、かなりの葛藤があることも推察される。

　小学生期で目立つのは、反抗・反発、虚言、暴力、金品の持ち出しである。いずれも家庭内での里親子のやり取りのドラマが見える。12歳までのトラブルは不適切な養育環境の結果であるという説もあるように、里親家庭

表6-1　不調による年齢別解除／変更および対応困難内容（複数回答）

全国児童相談所長会　平成23年11月現在

困難内容	0～2歳	3～6歳	7～12歳	13～15歳	16歳～
事例数（合計314件）	12	107	100	50	45
乳幼児期の試し行動	2	1	1	1	
①無差別愛着	1		1		
②反発、反抗	1	1	13	16	9
①②以外の被虐待特有の行動	1	1	4	3	1
発達障害	1	2	11	4	2
知的障害、遅れ	1		3	7	2
里親宅への不適応		2	14	22	20
排泄の問題		2	2	1	1
学校への不適応			6	9	9
病気等			1	2	1
情緒的不安定		2	5	11	8
養育困難		2	7	3	3
虚言		2	11	5	3
暴言		1	9	4	3
暴力破壊		1	10	5	
行動活発化、探索行動		2	1		
金銭持ち出し			9	7	5
性的関心の強さ		1	3	1	1
虞犯行為（家裁送致以外）				3	1
不純異性交遊				4	3
万引き、窃盗			6	7	7
夜遊び、深夜徘徊、外泊				10	6
逮捕等				1	4
生活の乱れ			2	14	10
停学、退学				1	5
触法行為				1	1
過食			2	1	
学習意欲の乏しさ			5	10	4
精神障害				1	1
その他			4	4	1
特になし	8	4	9	3	5

表6-2 里親の課題別に見た不調解除／変更（複数回答）

全国児童相談所長会　平成23年11月現在

	0〜2歳	3〜6歳	7〜12歳	13〜16歳	17歳〜
事例数（合計156件）	12	12	50	45	37
里親の病気	4	1	11	8	9
高齢		1	5	7	5
養育負担の増加、拒否	5	5	16	16	10
仕事と養育の両立困難			7	3	1
虐待	1	2	9	9	1
虐待の疑い	1	1	4	6	2
養育環境の変化			1	1	
里親の死去			1	1	
介護問題			3		
実子との関係悪化	2	1			1
経済的不安定	1		4		
抱え込み	1	2	5	4	1
里親と子供の関係悪化		2	13	21	15
夫婦関係の悪化	1			2	
偏った考え方	1	2	9	11	5
養育力不足	2	3	10	10	4
家族再統合に非協力				1	
里親離婚		3	3	2	
その他		3	2	2	1

での生活になじめなかった結果が、反発や乱暴を生み出している1つの背景となっている。

　中高生期は生活の乱れ、学習意欲の乏しさ、夜遊び、情緒不安定が目立つ。件数は少ないが警察が関与する事案も現れてくる。この時期は家庭内に向けられたトラブルから外部を巻き込んだトラブルに移行している場面が多く見られる。この傾向は里子に限ったことではなく、年齢が進むことによって誰でもどこでも体験する行動であり、里子の特徴として話題に乗せることは避けなければならない。

　いずれの時期の行動も背景に虐待の影響や発達や愛着に課題を抱えており、社会的養護の下に暮らす子どもたちの難しさを見逃してはならない。

表6-2は、表6-1を里親側の背景に着目して調査したものである。事例件数は不調による里親委託を解消し、調査時に申告した実数として156件、不調の実態に近い数値と推測される。措置全数に対して4％程度となる。児童を6歳ごとに見ると、乳幼児は24件、小学生期は50件、中高生期は82件となり、中高生での不調による措置解除数が5割を占めている。

② 厚労省福祉課データによる不調

　措置解除とはケースが児童相談所の手を離れることを意味し、家庭裁判所送致などの例を除いて一般的に子どもに関する環境が整ったときに行われる。また措置変更は、環境上の問題が解決しない中で、子どもが住む場所を移動し、環境を変えるときに適用される。
　表6-3は、平成24年度に委託解除・変更された子どもの数である。本章では措置変更に着目して、320人を子どもが生活の場を変えた数と捉えて、このうち、ファミリーホームへ移動した73人は手続き上の変更なのでこれを除くと、247人（里子4,000人の中の約6％）が何らかの課題を抱えたまま、居場所を変えたことになる。
　明らかに不調によって住む場所を変更したケースもあれば、障害施設や情緒障害児短期治療施設等への変更のように、より適切な環境を求めて変更したケースもある。いずれにしても出会った里親宅に居続けられない状態にあったことは共通している。
　障害関係の施設への変更を不調の結果と捉えることには異論もあるかもしれない。また、「家庭復帰」の中にも、里親家庭での折り合いが悪く実親に引き取られる場合もあり、事例は千差万別である。また表6-1で、知的障害を養育困難の理由に挙げている件数が13件、発達障害を理由にした里親子の分離が20件に及んでいる。知的障害は日常生活になじむまでに一定の時間がかかるが、生活が軌道に乗れば特別支援学校や学級が整備されてきており、里子と里親の「穏やかな付き合い」を多数見ることができる。専門施設の養育を必要とする子どももいるだろうが、養育家庭が委託先としてふさわしいと判断される子どもの多くは穏やかで、世間が障害を過大視している

6章 養育返上を考える

表6-3 里親の委託解除・変更の状況

厚労省家庭福祉課調べ

平成24年度 委託解除／変更児童数					変更
解除					
家庭復帰	養子縁組	自立	その他	計	他の児童施設など
317	236	163	106	822	320

変更後の内訳							
乳児院	児童養護施設	情短施設	自立支援施設	他の里親	ファミリーホーム	自立援助ホーム	その他
11	106	4	15	76	73	4	31

のではないかと感じることもある。

　ある里親は「この子は学校など、外では知的に遅れているグループに属して生きているけれど、家の中では遅れを問題にしたことはないので……」と言う。

2. 不調について考える

1 不調の意味

(1) 不調はいつでも、どこでも

　里子と乳児期から生活を共にし始めた場合は、子どもとの関係に苦慮する割合が少ないことが知られている。子どもの年齢が高くなるほどマッチング時のお互いになじむまでの時間と困難が増えて、自宅で一緒に生活が始まるまでに相当の時間をかけることになる。さらに、里子との交流期間中は何とか過ごせても、いざ生活を共にし始めるとこれまで想像もできないほど里子がすさまじい行動を展開することがあることも、多くの里親が経験している。子どもとの生活に慣れるまでに時間と苦労が伴うのもこの時期である。

また、幼児期から生活を共にしていても、思春期に里親子の間の葛藤がピークに達することもある。中高生になって、これまでとは質の異なる行動、例えば夜遊びや万引き、怠学、不登校等が表面化することもある。いずれも養育継続が困難な状態となり、里親子一緒の生活が難しくなる場合も出てくる。

　これまで別々の生活を築いてきた者たちが24時間生活を共にする際の心の負担は、想像以上に里親子双方にとって重いものがあると思われる。このことが里親たちから、しばしば「経験した者でなければわからない」との言葉が出てくるゆえんであろう。里親の体験談を読むと、相互の関係がうまくいっていると語られる中にも、その境地に至るまでに不調ぎりぎりの時期を経験していることが読み取れる。表現を変えれば、里親子の人間関係の構築は、相互にぎくしゃくする時期を乗り越える過程とも言えるのではないか。

(2) イラつかせるオーラ

　たしかに不調を経験し心身ともに疲れ果てた里親に出会うときに聞く言葉に、「大人をイラつかせるオーラを発している」というものがある。子どもが虐待を受け不適切な環境の下で生活していたことを前提に、行政は里親子への支援を準備しているが、支援の効果が及ばない局面へ展開していってしまう。むろん、難しい子どもには里親制度上各種研修プログラムや専門里親等の制度も用意されているが、大きな効果は期待薄である。

　おねしょが治らない、夜寝ない、朝起きられない、食事が遅いなど、見た目でわかるトラブルが養育者を疲れさせる要因の1つとなっている。疲れがたまると里親もどうしてもマイナス指向になりやすく、養育継続を諦める心境へと変わり、子どものすべてがイラつきの材料となってしまう。そのあげく、里親はうつ状態になり元気を失う。里親が通院や服薬を始めるのもこの時期である。「なぜイラつくのかは言葉では説明できない。ともかく、子どもの背後にイラつかせるオーラを感じさせられる」としばしば里親は表現する。

　しかし子どもの側からすれば、これまでと違う生活や人間関係に慣れるために必死に闘っていることを忘れてはならない。子どもが養育者にどこまで

許してもらえるか、さまざまな「試し」をしていて、「赤ちゃん返り」もこの流れにあるのだろう。出会った人間の双方が理解し合うまでには、誰でもさまざまな葛藤を経ることになる。赤ちゃん返りも幼児期だけでなく、中学、高校生になっても誰にでもいつでも形を変えて出てくるもので、思春期の難しさと重なって対応に苦慮する里親も多い。

　一連の里親子の出会いに伴う葛藤は、多くの場合双方の努力と工夫で乗り越えていくことになるが、人によって組み合わせによっては長引くこともある。まして虐待を受けて性格に偏りができ、加えて大人を信用できなくなっている子どもの場合は、この難しさは想像を絶するものがあるかに見受けられる。

(3)不調のもう1つの見方

　不調を人生のマイナスと捉える見方にも一考を要する。もちろん、生活が穏やかに継続されることは誰しも願うことであるが、人は自分だけでは何ともしがたい「組み合わせ」に出合うときもある。里親の多くが、子どもとの生活を始めると双方の人となりを理解するまでさまざまな葛藤を経験することになる。

　里親の経験が豊富にあるなしにかかわらず、子どもとの生活が始まると里親子ともども元気がなくなる時期を経験する。「他人が出会い生活を共にする中では、意識する、しないにかかわらず、多大な神経を使って疲れ果ててしまう」との声もしばしば耳にする。人によっては「うつ傾向」が現れて通院することすら出てくる。不調・葛藤を、里親になるための第一関門と捉えることも忘れてはならないだろう。

　また、不調場面は子どもの側からは、子ども自身が自己主張している姿、自分の人生を選ぶ姿と考える見方があり、不調を里親子関係の解消に即つなげるのは慎まなければならないだろう。里親子が必ず通る過程であり、乗り越えていく道だからである。こうした過程をむやみに恐れることなく、正面から見据えようとする姿勢をもち続けることが里親には必要であろう。いわばつまずきかけた関係の解消に向けて、養育のあり方や周囲の環境を整えるなどの工夫によって、マイナスの感情をプラスに切り替えることが可能であ

ることを多くの里親たちは体験の中で語っている。

しかし、不調によって他の里親宅や施設に居場所を変更した後での里子の暮らしを見ていると、順調に生活している例もある。このことは「人の組み合わせ」の妙を示していると言えないだろうか。経験を積むにしたがって不調から上手に脱している里親の体験談を聞くたびに、不調を作り出しているのは、実は大人の側の問題ではないかとも思えてくる。

さらに忘れてはならないことは、不調になった子どもがその後どこに生活の場を求めるかである。多くは児童養護施設に戻され、一部は他の里親の下に引き取られる。病院や専門施設に入所することもある。養育返上の道を選んでも子どもはどこかで生活しており、誰かが生活を共にしていることを忘れてはならないだろう。できるだけ返上の不幸なケースを減らしていくための里親側の努力とともに、外側からの厚い「支援」が必要ではなかろうか。

2 里親子の相性

里親子の不調を他者に説明するとき、「相性が合わなかった」と表現をすることがある。人は生きている以上、相性や人の好き嫌い、相手と合う合わないの問題は避けられない。人間関係の機微を表現するのに、相性の問題とするのはごく自然なことである。また結婚や恋愛の破綻を「相性の問題だった」とすることで誰をも傷つけず、穏やかに不幸な事態にピリオドを打つこともできる。生きる知恵とも言えそうである。

しかし、社会的養護の分野では少し様子が異なる。子どもの側から相性の有無を言い出すのはかまわないが、大人である里親の側から言い出すのは控えるべきであろう。社会的養護の分野は双方が納得して結ばれたのではなく、子どもにとっては希望し、納得して出会った関係ではない。里親はそれを承知で子どもとの生活を始めたのであり、相性を乗り越える努力は大人の側の義務であると考えるのが妥当であろう。ここで言う大人とは里親個人ではなく、児童相談所や支援者などを含めた社会そのものと位置づけることも忘れてはならないだろう。

不調には原因と結果があり、冷静にこれまでの生活と里親子の関係を見る

必要がある。そこには改善できる、乗り越えられる道も残っているはずである。学校やグループ活動で起きた担任（担当者）と子どもとのぎくしゃくした関係に、相性が合わなかったと結論を出すことは許されない。そこには関係改善へ向けて、冷静な検証と、関係改善への努力が求められる。

3 不調への対応

(1) 養育返上の理由はさまざま

　里親子が生活を継続できなくなるのは、1つにはこれまで述べてきたように双方の葛藤がピークに達して養育返上に至る場合である。2つ目には、里親の側に変化があって養育できなくなる場合である。里親自身や家族が病気になったり、失業・死去に遭う場合もある。しかしこの場合でも里親の転勤先へ子どもも一緒に連れて行くとか、あるいは里親の一方が死去したときは、そのままひとり親として生活を継続する道を選ぶこともある。さらに家族の中から他に誰かが養育者として加わるなどさまざまな工夫がなされる例も多い。家族が協力して時間がかかったとしても乗り越えていくのだが、社会的養護の分野では子どもの生活水準を保つために、いたずらに時間を長引かせることはできない。不安定な生活を継続することに対しては早めに次善の策を講じることが多く、里親子の分離という結果になることもある。

　3つ目には、複数の子どもが委託されているときに、先に居た子どもと後から来た子どもとの関係が悪化し共に生活することが困難になる場合がある。また、1人の子どものふるまいが他の子どもに多くの苦痛を与える場合もある。実際の場面では里親子ともども皆がよく耐えている場面を見ることも多いが、他の子どもを巻き込む混乱場面については分離させる方向に落ち着きやすい。

(2) ありのままを受け入れる努力

　多くの里親は、最初の子どもとの生活で何らかのつまずきを経験する。しかしつまずきを経験する中で、次の子どもとの生活に役立てて緊張場面も穏やかに越えられるような知恵を身につけていく。大人の対応によって里親子

の関係が変わっていく経過を見ていると、不調関係が起きた際にその根に何があるのか、さらにはそれを大人が作り出しているのではないかと思うことがある。また障害をもつ子ども、不登校や発達に問題をもつ子ども、非行に走ってしまった子どもをもつ親も同様に先行きの不透明さや不安などを抱えている。そのようなときに、親自身が変わることによって子どもの存在が安定してくる例はしばしば報告されている。

生活の場で子どもの本音と出会ったとき、大人が子どもをありのままに受け入れることができるかどうかが重要なカギの1つではなかろうか。子どもが大人に合わせることから始まるのではなく、大人が子どもに合わせることから始まることを心に留めておきたい。

不調の回復の場面に立ち会っていると、里親が子どもと対峙する姿勢から子どもを受け入れてのんびりと向き合う雰囲気に変わってくるのがわかり、先行きの明るさが実感できるようになる。逆に、子どもの困った行動を変えよう、直そう、標準に近づけようとしているうちは、里親子の相互の葛藤はしばしば収まらない。もちろん、子どもに医療的ケアや心理的対応を試みることは必要だが、子どもの側を変えようとする対応でうまく運んだ例はあまり聞かない。

里親子関係を作り出すのに、工夫と知恵が求められるのは当然である。価値観の異なる人間同士の付き合いの場面で、ストレスをためない接し方を学ばなければならないだろう。多くの経験者によると「子どもの状況を熟知したうえで、子どもとの緊張場面に正面から向かうのではなく、場面をかわす、目を外すことができるかどうかがカギだ」と。

もし、生活継続の道を選ぶのであれば、それなりの状況分析と合理的な対応策が用意されて初めて可能となる。里親をとりまく支援関係者との連携の下に、「社会的子育て」の葛藤場面を乗り越えていく工夫が不可欠であろう。

(3) 無理は禁物

生活の中では里子にしつけや教育をしなければならないことも多分にあり、避けてはならない葛藤も出てくる。大人の基準でハードルを高くすると不調のおそれが出てくるからといって、子どもの行為をすべて無条件に受け

入れていいというわけではない。そのため、さまざまな場と状況に合わせて生活していく柔軟な姿勢が必要になる。

　しかし、里親にどんなに無理をしても生活を継続すべきと決して要求するものではない。人間はマニュアル通りにいくものではなく、生活の場を変えたほうが双方によい結果を生む場合も多くあり、養育返上もその1つの方法であると考えたい。生活の場を変えること、関係を解消することも時には1つの前向きの解決策であることを知っておきたい。

　また、人には、わかっていてもどうにもならないこともある。とくに人間関係については理屈を超えて動いてしまうこともあり、葛藤がピークに達する時期にはそれを乗り越える工夫をするものの、残念ながら破綻を見ることもある。10年間子育てをしていながら生活を解消せざるを得なかった例を見ることもある。そうなるとこれまでの生活は里親子にとって何だったのだろうか、将来に関係を復元できる余地を残せないものかと考えさせられることもある。

　養育継続を中断した場合は、里親子は交流をしないのが通例である。しかし児童相談所の側にも理由があるだろうが、双方が望むならしばらく時間をおいた後に里親子の交流ができないものか。一時のぎくしゃくを理由にこれまでの関係を全部断ち切るのではなく、交流の再開をルール化できないかとも考える。里親子は機械部品の組み合わせではなく、人と人との組み合わせであることを忘れてはならないだろう。

　生活の場を変えるやり方の有効性もあるだろうが、上手な別れ方もあるはずである。それには関係者のふだんからの付き合い、誰がキーパーソンになるかなど、分離へ向かうプロセスを大切にする必要もある。残念ながら筆者の周辺では交流を復活させた事例はあまり聞かず、この間のケースワークの不在を強く感じている。

3．不調事例から考える

　里子の事例を公にするには守秘義務の問題があり、体験や聞き取りをその

まま記載することはできないので、全国里親会の会報と研修に使うテキストから、1度公開されている事例を使うことにした。参考としたテキストは、①里親支援ノート2015年（全国里親会）、②里親だより（全国里親会報）、③地域里親会の会報である。出典については個人が特定されることを考慮して掲載を省くこととした。

《事例1》
牧師の家族風土になじめず10年育てて高3夏に破綻（本人へのインタビュー記事から）
「私は小学校1年から里親の家で暮らしていました。里親の家は宗教家なので、全てにおいて厳しい家風がありました。
　家には姉と兄の年上の実子がいました。私が高校生3年時に食事が遅いとの理由で、里母に丼にご飯とおかずをごちゃごちゃに混ぜられた。たじろいでいると、里母に丼ごと頭にかけられることもありました。玄関に散らばったご飯を拾って食べろと強要されることもありました。
　余りに酷いので、どうともなれと思い家を飛び出しゲームセンターで夜を過ごしていました。福祉司がその場所を知っていたらしく、呼び戻しに来ました。里親の家に戻りたくないと言い張ったところ、一時保護所にとにかく行こうとなりました。そうこうするうち、高校の2学期の試験も迫りヤキモキしていたところ、11月に別の里親のところから試験を受けるように手配してくれました。高校卒業までその2番目の里親の家にいることになりました。
　初めの里母はアルバイトにも手堅い所を勧めるのですが、私は客商売のところを希望していてアルバイトができませんでした。お風呂もシャワーを使っていると、早く出ろと言われガスを切られ冷水になってしまいます。電気や冷房も直ぐに切られてしまいます。ハンガーで叩かれたこともありますし、裸足で外に出されたこともありました。
　里母は児童相談所に電話して私の行為を涙ながらに訴えていました。私がそんなに悪いとは思わないのですが……」

〈考察〉

　不調の事実を当事者が語った珍しいインタビュー記事である。物事の経過や背景があるので、子どもの視点だけで判断するのは慎重を要するが、裸足で立たされた、丼のご飯を頭にかけられたという事実はその通りであろう。一連の出来事に本人のもつ特性が強く関係しているのか、思春期特有の行為なのか、（厳しいしつけを信条としている）里親の許容範囲の狭さによるものなのか、いずれにしてもいろいろな要素が混じり合っているのだろう。高校3年生の段階でここまで緊張関係が表面化すると、話し合いでお互いに譲り合う関係になるのは難しいと思われる。双方のためにも生活の場を変えて冷却期間を置くことがあってもいいと思われる。

　児相の福祉司も、丼を投げつけられた時点で子どもに我慢するように言うのは難しいのではないか。里親には、子どもに無理を強いてもその通りにはならないこと、丼事件のような行為は慎むようにとは言えるが、双方の冷却期間を設けて様子を見たのは賢明な対応策であっただろう。再チャレンジの機会を準備する時期にきていたのかもしれない。

　7歳から17歳まで10年間育ててきてもこのような抜き差しならない関係、感情のすれ違いが生じてしまう。これまでにもすれ違いはいろいろあっただろうが、ここまで耐えてきてついに爆発してしまう。この里親は似た年齢の実子の兄姉を育てており、思春期の何かは承知のはずである。しかし、他人の子どもを預かって育てることは、実子を育てるのと大きく何かが異なってくる。このケースの場合は単純な思春期の問題ではなく、里親の生きる信条、人生哲学など、もっと別の問題を引きずっているのかもしれない。

《事例2》
子どもに細かい配慮ができなくなる（里親の勉強会での支援者からの報告）
「初めての里子受託。50歳代の里親で実子なし。祖父が同居。外見的には申し分のない家庭のようである。登録、子どもとの出会い、交流と速いペースで順調に進む。乳児院から養護施設にいた子どもを受託した。暫くして、サ

ロンなどで里親子の交流にも参加していたが、周囲の人たちが『何か変だ』と感じ取るようになる。

　支援者からの報告で『里親会の行事の場で、5歳の男児委託後1か月ほどして、里親子関係が冷たい感じがする』と話が出る。その後、児童相談所に他の里親から連絡が入る。『子どもを1人で入浴させている。1人で外へ遊びに出しており、夕方まで帰らなくとも心配する気配が見えない』と。そんな折に、頭部に瘤と痣を作って幼稚園に登園、そのまま保護される。その後里親に戻された時に当の子どもが強く拒否する場面もあったようだが、他に行く所もなく、里親宅で過ごすことになった。しばらくは里親支援関係者が話にのったり、訪問したりなどをしたが、子どもの拒否反応が強く、施設へ戻る措置変更となる」

〈考察〉

　里親子関係が深まらないまま時間が過ぎることがある。子どもの自己主張や赤ちゃん返りの実際に接して、里親が自信をなくしている姿が見えてくる。里母がうつ状態となって養育に関心がもてなくなることも多い。子どもに「付き添う」気持ちになれなくなる。

　この里親が子育てに向かない人かどうか、拙速に結論を出すことには慎重でなければならない。

　子育てに向いているかどうかは、登録にあたっての短時間の面接・家庭訪問などではわからない。極端に不適の場合はマッチング時に判明しても、「長期外泊・引き受け」になってからでないとわからないことのほうが一般的である。感情の交流が十分でないまま話が進み、外から見ても結果的に子どもに愛情が感じられないふるまいが目につくようになったケースであろう。

　そうしたときには、支援者や身近な人が親身になってそのピンチを感じ取り助けに入ることが必要だが、周囲の人の監視や見守りだけでは乗り越えられないのが通例である。危機的な場面では里親支援を充実するように言われていても、表面的な支援では心の離れていく里親子をつなぎ止めるのは難しい。

「子どものいる生活がこんなに大変とは思わなかった」という表現に出合うことがある。乳児院でのマッチングは慎重に行われるため時間がかかる。なかなか膝に乗ってこない、とくに里父に近づこうとしない、1週間に1度の訪問では顔を覚えてもらえない、担当の保母の姿が見えなくなると泣き出して止まらないなど、里親の困惑と悩みは尽きない。

子どもが慣れてくれない日が続くと、里親も気持ちのうえで疲れが出てきてこのまま続けられるかが心配になる。不調の姿が目の前をよぎるのもこの時期である。幼児は身をゆだねる人に全身で自分をぶつけ、身体を張って抵抗し関係を確認する。誰でも経験することであるが、この時期にどれだけ里親が我慢できるかが勝負となる。里母を支える家族の理解が大切であることは言うまでもない。

このような誰でも陥る危機的な場面への対応は、外部の人間が調整できる余地は少なく、本当に頼れる人の支えが重要となる。とくに里親にとっては夫婦2人で乗り越えなければならない場面となるので、頼れる人と言えば、多くは配偶者がその役を担うしかないのが実情であろう。

しかし、子どもへの関心がもてなくなったことをもって、この里親が子育てに向いていないとレッテルを貼ることは慎みたい。本来なら里親支援者が有効なアドバイスをどの程度できるかの環境も、その後の展開に影響をもつ。表面的な支援で里親子のぎくしゃくした状況を解決できるものではなく、支援者と里親との信頼関係が築けていない段階の介入はあまり期待できない。この里親も子どもと一緒に里親サロンや交流場面に顔を出している中で、里親子の関係の不具合が周囲の目に留まるほどになっていたが、周りで気がついていても、どうにも修復ができなかったという事実は重い意味があると思われる。

《事例3》
短期の約束で受託したがアパートの住人のような状態で終わった中学生
里親は長年子どもを委託されていて、思春期の男児を何人も受け入れている。このケースは高校入学までの約束で受託している。この里子が、いわゆる発達障害の資質をもった子だったのか、それとも環境的な要因からの特異

な行動だったのかはわからないが、とりわけ難しさをもった里子だったと思われる。

「実父と折り合いが悪く県の郊外の養護施設に中学1年の6月に入りました。そもそもは実父からの虐待（暴力）があり、体が大きくなって父親への逆襲をするようになったようです。一時保護所の後、1月下旬に高校を受験するために私どもの里親宅へ来ました。

　転校した中学校では友人は近付かず一人でいることが多くなり、塾に行かせたがほとんど欠席でした。食事もテーブルを囲んですることはなく、家で用意したものを食べることは少なく、自分で冷凍庫からハンバーグなどを取り出しレンジにかけて食べるような生活でした。試し行動かなと思い、注意するのを控えていましたが、いつまでも続いていました。小遣いでコンビニのお弁当を買ってきて食べることもあり、アパートの住人のような振舞いでした。

　なんとか私立高校に合格した後で、約1か月間中学校へは行かなくなり、その時は朝から夜まで寝ているか、部屋の中で一人で過ごすようになりました。卒業式も出席せず、里親が校長室で証書を受けることになりました。

　言葉遣いはぶっきらぼうで心の交流は感じられず、常識が通じないのは知っていて反発しているのか、単純に分からず屋なのか、判断に苦しむところがありました。電話で福祉司といつも口論になり『てめえ・ぶっ殺してやる』と電話の台を蹴飛ばしている有様です。学校からの登校を促す電話には『おめえが、迎えに来いよ』と副校長にうそぶいている始末です。相手がどこまで我慢するかの試し行動なのか、身に付いてしまったことなのか分からないまま取り付く島もなく時間だけが過ぎて行きました。

　そんな生活の中、入浴時にはシャワーを長時間使うのでガスを止めたら以後だらだらした入浴をしなくなったり、話の接点が持てない中にもふとした会話の中に素直な少年らしい瞬間が見えることもありました。しかし、里親家庭でこのまま続けるよりも集団のある専門性の高い施設での生活が本人のためだろうとの判断で、高校進学を機に当初の目的のとおり施設に戻ることになりました」

〈考察〉
　中学生の時期に里親家庭に来る子どももある。個人としての姿勢ができてしまってからの付き合いは、注意深い接し方が必要である。手記に見られるようなふるまいが意識的なものか、別に何かがあってのことかはわからない。周囲の人の気持ちを逆なでするふるまいの中には、これでもか、これでもかという挑発的言動が多い。トラブルの根っこに何があるのか見定めるのは難しく、試し行動だとしても収束をいつ迎えるか予測できない中での子育ては、疲労感を募らせるだけである。

　相手の背景がわからない中で一緒の生活を始め、何らかのしつけを短期間でしなければならないことには多分に無理がある。里親支援者と言っても超短期委託の子どもの場合は、児童相談所の福祉司が表面に出ることになるが、関係改善の手立てを打てないまま時が過ぎていったのであろう。委託を受けるときから高校受験を済ませ進路を確定させるための里親委託であったようで、措置変更は仕方なかったことと思われる。期限の定まった子育てにも難しい要素が隠れている。もう少し長い付き合いを想定できたなら別の選択肢があったかもしれないが、高校進学という節目を控え、里親の困惑を考え措置の変更を決断したケースだったと思われる。

《事例4》
同居している他の子どもが怯えて返上
その地域ではベテランの、リーダー的存在の里親であった。育てるのに難しい子どもを受け入れている。
「児童養護施設から小学校2年生（7歳5か月）の時委託され、17歳2か月まで10年間養育しました。児童福祉司は発達障がい（アスペルガー）と言っていたが、いつ診断されたかは聞かされていない。里親宅に来た時から暴力を振るうことが目立ち、ひどく育て難い子でした。大声を出せば通るという認識で育ってきたのか、いつも大声で周囲を威圧し驚かせていました。小さいうちは里親を殴って来て、里親が馬乗りで暴力を止めたこともあり、盗癖はおさまらなかったけれど、次第に威圧する雰囲気は減ってきました。そんな

中で高校2年のときから周囲を威圧する傾向が再発し顕著になり、要求が通らないと里母にぬいぐるみをぶつけたりするようになりました。不登校傾向も度々となり、高校だけは行かせたいと思っていた矢先き、付き合っている女の子を部屋に引き入れるようになり、節度のない振る舞いが目に付くようになりました。

　里親返上を考えた最大の理由は、一緒に生活している小さい里子がこの高校生の帰宅を恐れるようになったことで、他の子を守れなくなったことです。里親の体力の問題もあり、養育返上を児童相談所にお願いした次第です」

　〈考察〉
　　いわゆる発達障害をもつ子を委託される里親もある。そうした子どもの育てにくさは人一倍で、とりわけ思春期に緊張関係がピークに達することもある。幼い頃に受けた虐待の影響からか、発達の偏りが顕在化したのかは不明である。加えて、乳児院や養護施設の生活がこの子どもの行動を生み出したのかもしれない。解釈は幾通りもできるが、目の前に繰り広げられるふるまいに里親はなす術をもたない。里親家庭で10年間過ごしても消せなかった何かは、彼のこれから歩む道でも克服するのは時間がかかるのではなかろうか。
　　思春期の一過性の出来事であれば、耐えることがポイントになるが、行動の背景がつかめない中でただ耐えろと言われても、一緒に生活をしている里親として養育を継続していくのは難しい。ましてこの場合のように他の子どもが怯えるなど影響が出てくると、1組の里親夫婦で支えられる状況ではない。複数の子どもの輪によって集団の力で包み込んで解決する場合もあるが、皆がその子の特徴を受け入れるまでには時間がかかるし、その間どこまで忍耐できるかがカギであろう。
　　似たようなことがファミリーホームや児童養護施設でも当てはまることがある。とくに小さい子に性的いたずらをした場合などは、そのまま一緒に暮らしを続けることは難しく、被害を受けた子どもも守らなければならないので、その集団（施設）での生活が続けられない場合も出て

くる。

《事例5》
里父と小5から折り合いがつかなくなって（里母の手記から）
実子のいない里親で、この里母は教員免許をもっている。里父は兄弟も多く甥との交流もあり、親戚が日頃から泊まりに来たり一緒に季節の行事で集まっている。
「待ちに待った子どもとの出会いでした。3歳で出会い、皆が心配するような大変さは少なく、順調に生活が進みました。可愛い子どもでした。部活もサッカーを選び、土日も試合に行くなど、外から見て問題のない生活でした。

　ところが、小学校5年頃から里父と折り合いが悪くなり、事あるごとに口論するようになりました。事あるごとに夫に反抗するようになりました。夫も里子の言動をうまく受け流すことが出来ないようでした。些細なことで衝突しては激しくやりあい、このままでは虐待してしまうのではないかと心配になりました。

　私が子どもにのめり込むほどに、夫と里子との関係は悪化の一途をたどりました。里父から児童相談所にこの子を返すという電話がいくようになりました。実のところ、子どもは里父に嫌われていることがピンと来ていないようで、すれ違いは大きなものに感じられました。一時保護を何回かして双方の冷却期間を持ったのですが、効果はなく中学2年進級時に施設へ措置変更することになってしまいました。里子と別れる日に、本当は本人は家にいたかったのか、私たち里親を里子がどう見ているのか考えると、胸が締め付けられる思いでした」

〈考察〉
　不調を語るとき、たいていは里母がカギを握っていることが多いものだが、里親不調の背景に、里父の考え方が方向を決めていることもある。この手記だけでは里父がこの子どもを嫌った理由はわからない。甥を含めた親せき付き合いを密にしていたことから考えて子どもを嫌いな

里父ではなかったであろうし、里父の尺度がとくに厳しかったとも思えない。思春期の父と息子の関係は通常でも難しいことが多いが、このケースはそれが極端に出てしまったのかもしれない。実子の場合の父親息子関係は成人する頃から回復していくことが多いが、このケースは出会い以前に実父との関係で里子が何か特別な経験をしていたのかもしれない。

　里子が思春期を迎えて、里親は想定外の関係を求められる時期も経験する。このケースのように10年付き合っていて、しかも里母が継続を希望してもうまくいかない場合もある。幼児期から中学生くらいまで養育してきたのに、思春期を乗り越えられないのは残念の一言である。関係修復についてベースとなる情報を握っているのは、この場合は児相と当事者の里親のみであろう。里親支援者が多数いても肝心の情報を正確に把握していなければ本当の調整はできない。さらに加えれば、双方から信頼されていない関係であれば調整は表面的なものになってしまう。人間を相手とする調整ほど難しいものはない。

　それにしても、10年暮らしてきて措置変更となるのは双方にかなりの心の傷を残すことになるであろう。あまりにも悲しいケースである。

《事例6》
里親宅と施設を何度か往復（居所を変更）し最後は里親宅に戻ってきた子
里親は児童福祉の仕事をしていたことがあり、実子2人はすでに独立している。児相からとくに頼まれて引き取り手のなかった本児を受けることになった。
「この子は5歳、6歳時に相次いで両親を亡くし、親族に引き取られるがうまく行かず、養護施設へ入りました。小学校入学時に里親家庭へ行きましたが直ぐに破綻して、養護施設へ戻ることになりました。小学4年の時に他の里親の家に行くことになり、中学3年時まで何とか生活を続けていました。学校で友達もできず孤立していくばかりで、このまま里親の家にいてもプラスにならないと考え、児童相談所の勧めもあり、再度児童施設に戻りました。

しかし、何故か高校受験に際して2度目の里親の家の近くの高校を選んでおり、高校1年時の夏に里親宅へ戻ってきました。高校生活も卒業後も本当にいろいろありましたが、紆余曲折を経て結婚することもでき、一安心できるようになっています。これから何かあっても結婚した相手と二人で決めていくのでしょう」

〈考察〉
　経歴を見ると難しい子どものようで、「たらいまわし」に遭った子どもの典型である。専門家の目では発達障害の子どもとなるのかもしれないが、正式な心理診断は受けていない。子どもの側からは「俺は、病気ではない。冗談じゃない」という声が聞こえてくる気がする。
　手記の経過をたどってもこの子は、生活の場を4度変えている。変更があるたびに一時保護の手続きをとるので、それらを合わせると場の変更は倍増する。これだけたらいまわしにされると誰でも大人不信になるだろう。人間を信じられない背景があれば、学校で友だちを作ることもできないだろう。
　このケースの特徴は、巡りめぐって1度生活したことのある里親の下に戻ってきたことにある。このケースは、いろいろあっただろうが「可愛い子には旅をさせろ」の格言を当てはめることが許されそうなケースである。背後に「里親が決して子どもを見放さない」とする態度があったのではなかろうか。トラブルや葛藤の最中にそのことを予測するのは専門機関でも無理である。里親側に「あなたを決して見捨てない」とする考え方をどこまで抱き続けられるかがカギであり、そこまで態度や信念を貫ける里親を求めるのは難しいかもしれない。この場合も、曖昧な表現だが「運命の綾」がそうさせたと考えたほうがいいかもしれない。
　措置変更になって元の里親のところに戻るのは希有な例と言えるだろう。この背景の流れは誰にもわからない。結果的に成人し結婚まで漕ぎつけたことで「終わりよければ、すべてよし」のケースである。里親冥利に尽きるケースではなかろうか。1度や2度の失敗にめげることなく、家庭養護の基本である「1対1の人間関係」を貫いた姿勢は、1つの参

考になるのではなかろうか。

《事例7》
中学生になってから里母にひどく反発し始めた子（本人へのインタビュー記事から）
「私は乳児院から里親家庭へ来ました。年の離れた実子がおり、優秀な人で、結婚して家を出ていました。里親の家で順調に小学校を終えましたが、中学校になってから里母と喧嘩が始まりました。喧嘩の度に壁に穴が開き、家の中には話し相手がいないので、友達のところに家出を繰り返していました。部活へ行っていたと言っても、学校に電話されてウソがばれることもしばしばでした。『ウッセイ、くそばばー。死ね、ぶっ殺すぞ』などと言い捨てている生活でした。

そんな生活を送っている時に、里母が重い病にかかり一緒の生活は難しいと判断され、この家にいられなくなりました。里母は私との関係で、精神的に参っていたことも引き金になったのかも知れません。幸いその家の実子が里親登録して、私を引き取ってくれることになりました。進路については兄夫婦と意見が食い違い凄くもめたりもしましたが、大学進学を本気で取り組みだしたのは高校3年の秋からです。

大学1年の5月に、苦労を掛けた里母が亡くなりました。本当に私のことを思っていてくれた母だと、今はただ感謝のみです」

〈考察〉
　子育ての経験のある里親で滑り出しが順調でも、思春期になってぎくしゃくし始めるケースもある。里母の体調が崩れるほどわがままをしていたのか。何が原因だったのか。単に思春期の反抗だったのか、これまで歩んできた何か厳しい体験がそうさせているのかは、誰にもわからない。結果的に里母の病状が進み措置変更になっている。
　幸いにも、住む場所の変更先はこれまで見知っている実子の家であった。希有な例である。この子は里親会報への投稿も実名入りで自分の足跡や思いを述べていて、その後彼は福祉系の大学に進み、今は社会人と

なり独り立ちしている。

　順調にきていても、思春期の荒れようは並み大抵なことではないケースもある。里母が体調を崩すほど激しい反抗だったようだが、このケースは受け皿として実子夫婦が登場している。文脈から見て不調と言うよりも、里母の病気を機に実子夫婦が受けてくれることを児相をはじめ関係者が期待しての措置変更だったのかもしれない。

　事例6と共通の展開が印象的で、実子夫婦に変更と元の里親に変更になるという似た結末を迎えている。いずれもその後の展開がうまくいっている点を見ると、そこに何かが見えてくる。日本の里親は子どもを取り込み過ぎるという批判を耳にするが、「里子を決して見捨てない」とする構えの存在があったと見ることはできないだろうか。家庭養護を掲げる制度であれば、もっと日本的よさを前面に出してもよいのではないかと考える。

　こうしたケースは、喧嘩で壁に穴が開いた時点で「里親子破綻」と判断される場合もあるが、里母が体調を崩すまで頑張る場合もないではない。他人の子どもと一緒に暮らすことの難しさを乗り越えるのにどんな支援があればいいのか、一緒の生活はどう続けられるのか、支援制度の整備が求められるところである。

《事例8》
とにかく手のかかる幼児だったが高校生の今も何とか生活を継続中
「初めて受託した子でした。当時は必死でした。5歳と3歳の姉妹を受託して、子育てが始まりました。可愛い女の子でしたが、5歳の姉の方は1日におしっことウンチを10回くらいお漏らしをしました。トイレの言葉が耳に入ると黙ってしまう。畳や床を洗ったり拭いたりの日が続き、主人に子どもを公園に連れ出して貰って、その間に汚れ物を洗濯したり床を拭いたり、ひどい時には下着を何枚も持って主人が子どもを外に連れ出して、出来るだけ外にいてもらい、マットを水で洗って庭に干すなど繰り返す日が続きました。医者や児相に相談しても方法が見つかりません。小学校に入ってからは後で分かったのですが、保健の先生が洗濯して乾かして元の衣服を着せて帰

宅させてくれていました。

　他にもランドセルを忘れてきてしまう、部屋は片づけられない、ヨーグルトのふたを開けられない、髪の毛をかき上げられない、薬を飲んだかどうかも覚えていないというようなやり取りが続き、私が譲歩する毎日でした。お弁当箱を洗うのを忘れてしまうので、家のあちこちに『お弁当箱を洗うこと』と紙に書いて壁に貼ったりもしました。

　その子も高校に入る頃には、何とか普通の生活に入ってきました。とにかく一つのことをこなすには年単位で考えるように、私の考えも変わるようになって行きました」

　　〈考察〉
　　　この事例の場合は発達障害の診断も予測されるが、仮にそうした診断を受けても本当に役に立つ対処方法（治療や療育のノウハウ）のアドバイスが受けられる見込みは薄いであろう。これからの医療や心理学の研究を待ちたいと思う。
　　　発達上に多くの問題を抱えた養育の「難しい子」への対応は、今のところ里親に丸投げ状態であることが多い。里親にとって大きな試練である。ふつうなら投げ出すケースでも、頑張っている姿の源には何があるのだろうか。
　　　これまでのアンケートによると、使命感とか意地とかいう返事が返ってきている。難しい子どもへの対応でさまざまな試行がなされるが、結局は当事者の心構えや意地によって支えられている現実がある。そして最後にたどり着いた境地は「年単位で子どもの様子を見よう」だったようである。大人の側が考えを少し変えるだけで、子どものふるまいが大きく変わるものだ。難しい子どもの子育てを話すとき、いつもこの話題が出る。結局は子どもを変えるのではなく、大人の既成の見方を変えることに行き着く。この流れは子育ての基本かもしれない。
　　　多くの里親子は何とかこの時期を通過するが、この時期に苦労し不調を意識する人もいる。いわゆるマッチング時の継続困難となり、生活を始めるとそれぞれ違った生活パターンの食い違いが表面化してくるとき

でもある。関係の間合いを模索する行為としての試し行動、赤ちゃん返りの時期を迎え、思いもよらない里親子の葛藤が始まる。子どものふるまいが一過性のものであれば我慢もできるが、長期にわたる場合や虐待の影響や発達に問題を抱えている場合はすぐに修復できるものではない。この手記のように「年単位で見ていく」境地は貴重な到達点である。

《事例9》
保育士で他人の子どもを育てるのには慣れているはずなのに
里母は保育士の資格をもち、施設の勤務経験もある。社会的養護の子育ての何たるかは知っていた。
「幼児の見た目の可愛い女の子が来たのですが、可愛いさを感じることよりも戸惑ったり、腹を立てたりすることばかりでした。何しろ朝は起きて夜寝るとかいう基本的なことが全くできないんです。起きたいとき起きて、食べたいときに食べる……そんな感じでした。おしめを替えるとウンチを付けたままどこかへ行ってしまう。言葉が耳に入っていない、私はすごくイライラして体調まで悪くなってしまいます。子どもに怒りをぶつけ、パニックに陥り、夫に愚痴を言い続けもしました。そのような日が長く続いた後、夫から『子どもペースで行くしかないよ』と言われ、はっと気がついたのです」

〈考察〉
　専門の知識と経験があっても生活を共にするとまったく違った自分に遭遇する。頭でわかっていても気持ちがついていかず、パニックを起こすこともある。児童相談所はこの里親の養育力を高く評価して、手のかかる子どもを委託したのかもしれない。
　この種の経験は程度の差こそあれ誰でも通過するもので、幼児期にとどまらず思春期でも同じで、年齢相応に相手を理解できるまで続く。どこまで許し合えるか、どんな人間関係に落ち着くのかなど、双方で試行錯誤する時期でもある。
　日々の生活が始まり「お客さん扱いの時期」を終わる頃、双方とも自

分の生活スタイルを維持できなくなってくることもある。生活していく中でどうしても心がすれ違うとか、「子どもの背後に理解できないオーラを感じる」という里親もいる。

　里母から不満をぶつけられたときの里父の一言が、困難を乗り越える契機になったことは幸いであった。この一瞬は当事者でないとわからない境地でもある。里父の言葉は理性の声ではなく、琴線にふれる血の通った言葉であったのだろう。同じ言葉でもそのときの環境、時と場を選んで、われわれは受け入れるもので、人間の気づきの難しさがそこにはある。里親支援は表面的なやり取りでは通じない、もっと人間的な付き合いと信頼が背景にないと功を奏しないことを知っておくべきであろう。

《事例10》
乳児との交流中に破綻
里母47歳パート勤務、里父51歳企業の課長職、地方の都市で何不自由なく生活。子どものいないことだけが心に引っかかっていた。特別養子を希望するには少し年齢が高いと周囲に言われていたようであった。
「里親登録後、6か月くらいで児童相談所から1歳10か月の男の子を紹介されました。私（里母）はパートの勤務を縮小して週に平日1回と、夫婦一緒に月に2回位日曜日の午前中から昼寝の時間まで通いました。最初は意味が分からなかったのでしょうか、黙ってだっこさせてくれましたが、3回目くらいから顔を見ると逃げ出し、保育士のところから離れません。これも通過儀礼と聞かされていましたが、夫を全く受け付けてくれませんでした。乳児院では大変良くしてくれて、何とか私はだっこできるようになりましたが、夫への反応が同じでした。3か月ほどして畳のある模擬家庭の部屋で3人きりになった時、おむつを抱えてドアへ走りだし、大声で泣きわめき出しました。
　私達夫婦は子育てへの自信を無くし、家に帰っても食事がのどを通らず、夫婦の会話も無くなりました。里親会報に載っている先輩里親の体験談を何度も読みましたが、皆が乗り越えているのに自分はできない、自分がみじめ

になるばかりでした。4か月目に入った時、予約した朝に起きられなくなりました。子どもの登園拒否と同じです。

　児童相談所と乳児院の人と3者で話し会い、このままずるずると続けると子どもの次のチャンスを逃してしまうので交流を中断することになりました」

〈考察〉

　マッチングの破綻例の里親会報への投稿である。この里親はその後もう少し年齢の高い子どもと出会っている。今は子育てに喜びを見出しているのかもしれない。

　このような例は乳児とのマッチングでよく見かける。どうしてこうなるのか、きっと何か理由があるのだろうが、乳児院側もわからない。子どもに原因があると言ってみたところで話は始まらない、大人がどう対応するかにかかっている。こんなとき、精神科の医師の診断や心理士の意見を求めたりしても使える回答（正解）はなかなか得られない。頼れるのは乳児院の保育士のアドバイスや経験だけで、どうしたらよいかの判断もマッチング段階では難しいかもしれない。

　男の子の拒絶行動が乳児院でマッチング中に繰り広げられたので、不調を事前に防止できたという見方もある。措置された後自宅で破綻に至る場合は、里親子の心の傷は深いものになる。生活を本格的に始めてから破綻を迎えるのはもっとも避けたいことなので、里親子の傷が深くならずに収束を迎えることができたケースと解釈できるかもしれない。

　このように、破綻経験をしたからといってこの夫婦は子育てに向いていないと即断することはできない。幼児で不調を経験しても中高生を受け入れてうまくいっている例は数多くある。この里親にどのような子どもが向いているのかを判断するのは難しい。判断にあたって、児童相談所の担当者はさまざまな試みをするが、結局は「やってみないとわからない」という結論に至るのかもしれない。偶然に投稿者のその後の様子を聞く機会があったが、小学校5年の子を短期の約束で委託され、結果的に長期の委託になって今はめでたく高校2年生になっているとか。

1回の不調で里親の技量を決めつけずに、再チャレンジすることの大切さを見る思いがするケースである。

《引用・参考文献》
全国児童相談所長会（平成23年7月）「児童相談所における里親委託及び遺棄児童に関する調査報告書」
厚生労働省福祉課（平成26年3月）「社会的養護について（参考資料）」

7章

児童養護施設職員が望む「子育て支援」
―― 全国「児童養護施設」調査から指導員の声を拾う

深谷昌志

はじめに

　序章(イントロダクション)に続いて、1章から5章までは、里親アンケート調査の資料に基づきながら、里親と里子をとりまく今日の状況を考察してきた。里親は児相から子どもを委託され、心を込めて里子を育て、里子たちはよき成長を遂げていく。しかし、中には、(里)親子関係が成立しない、あるいは、里子のもつ問題があまりにも大きくて養育破綻し、養育返上に至る場合も生じる。そこで、6章では、やむを得ず養育返上をするに至った里親の事例や、これまでに行われた養育返上をめぐる全国里親会による調査資料(平成23〈2011〉年)を検討した。

　養育返上された里子は、その後、児童養護施設で暮らす場合が多い。それだけに、親との縁の薄い子どもにとって、児童養護施設が心のよりどころになるかが気になる。そこで、この章では、これまでの里親調査から一歩踏み出して、児童養護施設が社会的な養護を必要としている子の心の支えになっているのかどうかを探るため、児童養護施設を対象とした調査の結果を紹介することにした。

1. 児童養護施設で働く人たちの状況

1 児童養護施設調査の枠組み

　養育を返上された子どもはどこへ行くのか。表7-1は、社会的養護の基本的なデータとして活用されることの多い資料からの引用だが、ここでは、3点を確認しておきたい。①平成14年から24年の11年間で、里親委託率は7.4%から14.8%へ、ほぼ倍増した。その結果、②児童養護施設で暮らす子どもは84.7%から77.2%へ、7.5%減少した。しかし、③社会的養護を必要とする子は34,109人から36,564人へ、2,455人増加している。その結果、児童養護施設で暮らす子どもの数そのものは670人減にとどまる。

7章　児童養護施設職員が望む「子育て支援」

表7-1　社会的養護を受ける子どもの受け入れ先

	児童養護施設		乳児院		里親		全体	
	N	%	N	%	N	%	N	%
平成14年	28,903	84.7	2,689	7.9	2,517	7.4	34,109	100.0
17年	29,765	82.5	3,008	8.4	3,293	9.1	36,066	100.0
20年	29,818	81.3	2,995	8.2	3,870	10.5	36,683	100.0
23年	28,803	78.6	2,890	7.9	4,966	13.5	36,659	100.0
24年	28,233	77.2	2,924	8.0	5,407	14.8	36,564	100.0

出典：厚労省「社会的養護の現状について」（平成26年3月）より

あらためてふれるまでもなく、集団的な環境での成長は、幼い子どもにとって、望ましい生育環境ではない。子どもは幼いときほど、競争のない環境、自分の都合をいつも優先してもらえ、安心感一杯の環境、少数の大人（親）との固い絆を形成できる環境下で成長することが望ましい。その点では、小舎化が進んでいるといっても集団的な養育環境である施設は、成長に不利な条件下にあると言えよう。

これまで、本書の中で、里親の養育がいかに困難を伴うかにふれてきた。そして、発達障害が軽い場合は里親での対応が可能だが、重症の場合は児童養護施設での対応にゆだねたいと提唱してきた。里親側に立つと妥当な指摘だと思うが、児童養護施設のスタッフはそうした状況をどう感じているのか。もちろん、児童養護施設で働く人々の大方は福祉系の大学を出るなど、福祉分野に関心と「こころざし」をもった人々であろう。施設に入所した子も養育家庭に委託された子も、その意味では、大人たちの善意と熱い心に包まれて成長していく。そして、里親家庭より多くの不利な要素をもった条件の下で、施設職員たちは里親と同じように、精一杯子どもたちの養育にあたっているのではないか。

平成27年度に一般社団法人日本教育人材育成協会（東京学芸大学に本部）は、厚労省から「子育て支援員研修の充実等に関する調査研究」を受託した。その中で、児童養護施設で働く職員の意識をアンケート調査の形で実施することになった。調査票には、児童養護施設の概要についての設問に続いて、子育て支援員制度への理解や子育て支援員への期待などの項目を含め

た。そして、平成28年2月13日に全国の601児童養護施設に子育て支援員制度についてのアンケート調査票を送り、2月25日までに調査票を回収する形をとった。調査票の回収数は338通。回収率は56.2％だった。

なお、調査票の末尾に、「現在、厚労省主導で展開している制度『子育て支援員』への期待や児童養護施設の課題などを、ご自由にお書きください」という自由記述欄を設けた。こうした場合、記入する人が少ないか、おざなりの記述が目につくことが多い。しかし、今回は記述した人が多いのと長文のコメントが目についた。自分たちの状況をわかってほしいというような内容に感銘を受けた。そこで、調査結果についての量的な紹介に、自由記述欄の文章を交え、児童養護施設で働く人たちの気持ちを紹介することにした。

2 施設職員の状況

調査結果の報告に入る前に、今回の調査に協力していただいた児童養護施設の概要を紹介しておこう。施設関係者には自明の内容であろうが、児童養護施設の状況は一般には知られていない。そこで、児童養護施設の状況を簡単に紹介しておきたい。

表7-2は施設のタイプを示している。厚労省のデータでも、平成20年3月、大舎型が7割を占めたが、小舎化が指示され、この調査でも大舎型が42.0％を占めるものの、子どもの養育に適すると言われる小舎型が30.1％と3割を超えている。

施設に働く専任の職員数は表7-3のように、20～29人が48.5％と半数を占める。非常勤を含めると30人前後の人が働いており、児童養護施設が多くの人手を必要としているのがわかる。なお、職員数を施設の型別に集計してみると、表7-4の通りに、小舎型が多くの職員を抱えている。施設で暮らす子どもにとって、小舎型が望ましいのは言うまでもないが、その分、財政的な負担がかかる仕組みなのであろう。

なお、受託している子どもの数は表7-5の通りで、小中学生がそれぞれ20人弱で、合計40人強というのが、平均的な受託している子どもの数となる。

7章　児童養護施設職員が望む「子育て支援」

表7-2　施設のタイプ　(%)

大舎型	中舎型	小舎型	その他
42.0	15.2	30.1	12.8

表7-3　施設職員数　(%)

	19人以下	20〜29人	30〜39人	40〜49人	50人以上
専任	22.1	48.5	23.3	4.5	1.5
合計（非常を含め）	9.0	40.1	31.1	14.4	5.4

表7-4　専任の職員数×施設の型　(%)

	19人以下	20〜29人	30〜39人	40〜49人	50人以上	平均人数
大舎型	31.4	52.6	13.1	1.5	1.5	23.8人
中舎型	25.0	58.3	12.5	2.1	2.1	24.9人
小舎型	12.9	35.6	40.6	9.9	1.0	34.2人
その他	9.5	57.1	26.2	4.8	2.4	26.6人
専任	22.1	48.5	23.3	4.5	1.5	25.3人

表7-5　受託している子どもの数　(%)

	0〜4人	5〜9人	10〜19人	20〜29人	30〜39人	40人〜
幼児	28.0	41.5	26.5	3.4	0.6	0.0
小学生	2.4	12.7	51.4	24.5	7.6	1.5
中学生	3.6	40.8	50.2	5.4	0.0	0.0
高校生	13.1	43.2	38.0	5.5	0.3	0.0
合計	1.8	0.0	1.8	14.0	21.5	60.9

3 施設の人手不足と過労

　児童養護施設の職員が過労で、人手不足だと聞くことが多い。子育て支援員の育成もその一環なのであろうが、実際に児童養護施設は人手不足なのであろうか。表7-6は「人手不足を感じているか」と尋ねた結果を示している。「とても」不足を感じるが46.1％と、ほぼ半数に迫っている。それ

表7-6　人手不足を感じているか×施設の型　(%)

	とても感じている	かなり感じている	あまり感じていない	全く感じていない
大舎型	39.7	45.4	13.5	1.4
中舎型	62.0	26.0	10.0	2.0
小舎型	46.0	33.0	21.0	0.0
その他	51.2	39.5	9.3	0.0
全体	46.1	38.4	14.6	0.9

表7-7　児童指導員はオーバーワークで疲労しているか×施設の型　(%)

	とても感じている	かなり感じている	あまり感じていない	全く感じていない
大舎型	29.5	57.6	12.2	0.7
中舎型	38.0	48.0	14.0	0.0
小舎型	39.6	51.5	8.9	0.0
その他	34.9	60.5	4.7	0.0
全体	34.3	54.9	10.4	0.9

　に「かなり」の38.4％を含めると、84.5％の施設が人手不足を感じていることになる。なお、施設の型別では、中舎型が人手不足を感じている割合が高い。人手が必要なはずの小舎型の不足感がそれほど高くないのは、すでにそれなりの対応ができているということなのであろうか。

　それでは、児童養護施設の指導員はオーバーワークで疲労しているのだろうか。表7-7に示す通り、「とても」の34.3％に「かなり」の54.9％を含めると、89.2％とほぼ9割が児童指導員はオーバーワークで疲労していると答えている。中でも、施設の型別の集計では、小舎型の疲労が目につく。学校の教員の話になるが、学級のサイズが小さくなるにつれて、きめ細やかな指導ができる反面、1人ひとりが見えるようになり、指導に疲れるようになるという。大舎型だと目につかないことが、小舎型だと気になる。もちろん、小舎化が施設で暮らす子どもにとって望ましいのは言うまでもないが、1人ひとりに対応できるようになり、かえって手間がかかる。そうした状況で見えてきた新しい課題なのであろうか。

2. 児童養護施設で働く人々の声

1 扱いの困難な子どもが増えた

　こうした結果が示すように、児童養護施設の職員は人手不足を訴え、9割の職員がオーバーワークによる疲労を感じている。それでは、どうしてそれほど疲労するのか。児童養護施設の職員の声を自由記述欄の中から拾い出してみよう。なお、冒頭の3桁の数値はサンプルナンバーで、職員の声をそのまま伝えたかったので、手を入れることなく紹介することにした。

(069)「虐待やネグレクトを原因とする措置の増加によって、発達未熟な児童、障害を有する児童が増えてきたことから、児童のケアや施設の維持管理が大変難しくなってきています。児童養護施設は、将来、里親に委託できない対処困難な児童ばかりになることが想定され、養護施設というよりは、発達障害のある児童の治療的な側面が期待される専門施設となっていくと思います」

(089)「児童養護施設で生活している子どもたちの生育歴は過酷です。そのような子たちの抱える問題にはとても対応が難しく、児童養護施設で働く職員の専門性は必須です。子どもたちの心身のケアは、施設の日常の生活を通して行われるものです。充分な知識や理解のない『子育て支援員』が子どもたちの生活に入るのは、その人柄や温かさで補えるものはあるとしても、子どもの『揺れ』につながったり、施設の間違った理解につながるのではないかという不安がぬぐえません」

(160)「児童養護施設に入所してくる子どもたちも、養護児童だけでなく虞犯等、さまざまな問題を起こした子ども、発達障害を持つが故に実親から虐待を受けた子ども、また性的虐待を幼児期から受けてきた子どもなど様々です。気持ちを伝える方法が個々の子で違い、異質でもありま

す。そうした子どもたちの暴言、暴力を丸ごと受け止め、日々の生活の中で居場所づくりに励んでいる職員の手助けや、また違った角度からの助言、見方などを、『子育て支援員』にして頂けたらありがたいです」

(007)「児童養護施設には、相当扱いの難しい子どもたちが多く、かなりスキルのある方でないと、勤務は難しいと思われます」

(203)「『子育て支援員』の制度には、全く期待していません。安上り福祉の典型です。社会的養護は虐待、発達障害への対応など専門的かつ高度な知識・技術が求められています。4年制大学を出ただけでもすぐには対応できません。高度な訓練が必要です。また、とても忍耐力、人間性の求められる職業です。保育士養成施設、福祉系大学の卒業者が安心して働ける給与体系等を設備するなどの施策をせずして『子育て支援員』制度を進めるのは本末転倒だと思います」

(026)「『子育て支援員』は、とくに扱いの難しい子どもの専任として働くような職でなければ、むしろ組織としては不要である」

(102)「児童養護施設という職場は援助対象者が虐待の被害を受けていたり、生来的なハンディを持っているなど、日常生活の至る所に多くの課題を抱えているため、かなり高度な専門性が求められます。近年は複数の専門職が配置される等、チームを組んで支援を実施していくことが強く求められていますので、その辺りの意識が高い人材を望んでいます。難しい子どもと生活を共にしながら、苦もあり、楽もある、やりがいのある職場です。その仲間に『子育て支援員』がどういう形で加わって頂けるか、慎重に考えていきたいです」

(186)「発達障害（愛着障害）等の子どもが多く、日常のトラブル、児童相談所、ケースワーカー、心理との対応など、記録、会議、さらにその中で第三者評価、権利援護チェックリスト等　措置施設ではあるが、本来子

どもと接する時間がとても少なくなっている現実、若い職員の定着がない現状がある」

(070)「人離れが深刻な福祉分野にとっては大変有意義な制度であると思うが、近年の児童福祉が抱える課題を考えると支援員として『子育て』のスキルや経験だけでなく、高い専門性が必要であると思われる。そのための研修プログラムであるのだと思われるが、『集団』を扱う難しさや、より専門性と児童理解が求められる児童福祉施設への介入となれば、施設内での様々なトラブル防止のためにも『一種』『二種』のように介入する領域に段階があっても良いのではないかとも考えられる」

こうした声が示すように、児童養護施設には程度の重い発達障害を伴う子の入所が増加している。そうした子への対応にはそれなりの専門的な知識や技法が必要だが、職員はそうした子への対応に追われ、過労に追い込まれているという。

② 扱いの難しい子との対応に疲労困憊

児童指導員が疲労している原因については、表7-8の通りで、指導員が当惑しているのは「扱いの難しい子との対応」だという。児童養護施設に収容されている子どもは、実親から虐待を受けている割合が高い。実親から虐待を受けると、子どもは誰も信頼できなくなり、その結果、特異な行動や言動を繰り返して、周囲の人を当惑させることになる。加えて、発達障害を伴う子も少なくない。そうした子どもは恵まれない環境がもたらす被害者なのだが、扱いの難しい子であることは間違いない。しかも、それぞれの子どもは固有な特異な行動をとりがちだ。したがって、児童養護施設には、そうしたさまざまなタイプの子どもが暮らしているので、指導員は気の休めるときをもてずに、疲労が増す。しかも、表7-9によれば、小舎化をしても、疲労は減らないという。

表7-8　児童指導員が疲労している原因
(%)

	とても疲れている	かなり疲れている	あまり疲れていない	全く疲れていない
①扱いの難しい子との対応に	46.2	48.0	5.4	0.3
②不規則な勤務体制に	22.0	60.4	17.7	0.0
③子どもとの日常的な接触に	19.7	60.3	19.1	0.9
④事務的な雑用や打ち合わせに	16.7	55.6	26.1	1.5

表7-9　扱いの難しい子との対応に疲れる×施設の型
(%)

	とても疲れている	かなり疲れている	あまり疲れていない	全く疲れていない
①大舎型	41.7	48.9	8.6	0.7
②中舎型	49.0	46.9	4.1	0.0
③小舎型	50.5	46.5	3.0	0.0
④その他	50.0	47.6	2.4	0.0
全体	46.2	48.0	5.4	0.3

3 扱いの難しい子の接し方に求められるもの

　表7-8に示したように、扱いの難しい子との対応に94.2%が「疲れている」と答えている。それでは、扱いの難しい子に接するにあたり、どのような態度が必要とされるのか。再び、指導員の声を聞いてみよう。

(045)「子どもにいかに寄り添えるか、心の広さと共に厳しさを兼ね備えた人材でありたい。年々、発達障害等何らかの障害や特異な特性（個性）を持った児童が増えている。包容力のある人材に期待する」

(001)「施設においても家庭的養護を。大切なことは、子どもの安心安全、そしてあたりまえの生活のできる生活の場であること。職員は交替勤務であるべきでない」

(188)「資格や知識も必要ではあるが、大切なのは、子どもを何とかしたい、

面倒を見たいという思いと、職員とともに連携して動く人間性と、世話ができる家事的スキルであると思う」

(099)「現場は『継続的に子どもと関わる大人』という人材が圧倒的に不足しています。そこに急場しのぎの『人員』を短期で投入しても、付け焼刃かと思われ、もう少し腰のすわった施策を望みます」

(305)「最近3歳未満児の乳児院からの措置変更が多くなっているので、就園前の日中保育に愛着(アタッチメント)形成の観点からも、『固定した人』を探せればと考える」

(044)「資格にとらわれず、子育てを経験し、『子どもへの思い』を持った方々が現場で働いてもらえるならば、素直に嬉しく感じ、期待しています。しかし一方で、高機能を重視される現状を考えると、職員体制を改めていく時期にきていると思っています」

(264)「対応の難しい子どもが多いのでメンタル面での柔軟な方、そして大人への『基礎的信頼感』を持っていない子どもが多いので、長期に関わって頂ける支援員を望みます。でも、難しいのかもしれません」

(035)「一人一人が丁寧に時間と手間をかけて、職員(大人)との信頼関係をつむいでいくことで、被虐待児のケアと将来の家族モデル、人とのコミュニケーションの基軸を持つことを大きな役割としています。／そのような児童養護施設の養育と保護・自立支援をすすめるためには、現在の4:1の配置基準では不足。通常の家族モデルである、父母子2人の4人家族程度を可能とする職員配置基準の実現が先決と思う。／それに加えて職員育成の課題、アフターケアや里親支援と多岐にわたる仕事量の改善課題に向けるべき」

(235)「入所児と同化(憐れみの視点で児童を捉え、個人的に連絡先を交換するよ

うな）してしまうような支援員は、むしろ有害である。適度な距離を保ちながら、チームとしての『子どもの最善利益』を追求できる人が『子育て支援員』となることを望みます」

(233)「養育における各子どもたちの生い立ち（ケース）を把握し、将来の最善の利益（成長発達→自己実現）に対するケアワークの深い理解を求める。／処遇困難児（扱いの難しい子）ほど、複雑な生い立ち（ケース）を経験しており、子どもの心に対する深い理解と共感、共生感の充ちたケアの充実の積み重ねが必要とされ、いかに見立て（気づき）と手立てが、最善の利益につながっていくかをケア実践してもらえるのかを期待します」

(133)「養護施設は子どもの生活の場なので、仕事の分業ではなく、一貫した援助者が必要です。『子どもの最善の利益』の為に、ケアワーカーの増員が望まれ、専門的にも学んだ職員に期待している」

　このように、「子どもにいかに寄り添えるか」(045)、「子どもを何とかしたい、面倒を見たいという思い」(188) が必要なうえに、「継続的に子どもと関わる大人」(099) の存在が大事だという。それには、「子どもたちの生い立ち（ケース）を把握し、将来の最善の利益（成長発達→自己実現）に対するケアワークの深い理解」(233) が求められるが、そうした人材の確保は困難で、そうなると、一部の職員が過労に陥りながら、困難な子に対応する感じになる。

4　人材が集まらない

　自由記述の中で、「新採用、中途採用等、職員が集まらない」(172) や「職員を募集しても応募がない」(232)、「職員が集まりにくい。勤めても長続きをしない」(104) が目につく。そのうえ、「入職して５年以内の離職者が多い」(068) ともいう。また、「小規模化（大舎から小舎へ）したことによる職

員疲労」(008) もあるという。社会的に地味な職種のうえに、勤務時間が不規則で、しかも、気苦労が絶えない。となると、よい人材が集まらないので、現スタッフへの負担が大きくなるのであろう。

(232)「慢性的な人材不足が少しでも解消できればと期待している。職員を募集しても応募がないのが現実」

(068)「新規採用職員が理想と現実対応の差に疲れ、入職して5年以内の離職者が多い。子どもの特性と背景を把握してモチベーションのある職員の人材養成が課題です。福祉職の給与等の労働条件面での改善も必要です」

(193)「施設の小規模化に伴って、職員の孤立や疲弊の問題が全国的に噴出する中で、『器』としての養育形態でなく、その中身をもう一度見直すべき。施設は子どもだけでなく関わるすべての人がともに成長できる豊かな居場所だと思います」

(263)「施設は慢性的な人手不足です。『子育て支援員』についてはとてもありがたいと思いますが、それぞれの施設に必要な時間帯、人数が異なる場合があります。臨機応変な人材活用が出来るとこのシステムももっと生きるのではないかと思います」

(291)「大舎、中舎、小舎また小規模では、児童養護施設と一口にいっても、求められる仕事内容が違う。働く人も、施設で生活する子どもたちも、気もちよく生活することが望まれる。今後、増やしていきたい里親の負担軽減、里親家庭の透明性向上のため、里親家庭の援助に当たることも提案する」

(303)「施設では、子どもに直接関わるケア職員が最も多くの時間を割いている仕事は家事で、『子育て支援員』は家事の手伝いと宿直の補助に

入ってくれることが一番助かります。そうすれば、職員は直接子どもに関わる仕事に、時間と労力をかけることができます」

(172)「新採用、中途採用等、職員が集まらない。(養護施設希望者減)」

(008)「小規模化（大舎から小舎へ）したことによる職員疲労。(一人勤務の為)」

(061)「現在の課題は人員確保がむずかしいこと。特に心理職がなかなか見つからないことや産休期間の代替えもいない状況である」

(104)「勤務時間等の問題もあり、職員が集まりにくい。勤めても長続きをしない。結婚してから勤めることは時間的にかなり難しい等々」

(173)「首都圏だと応募してくる人も多いのかもしれないが、こちらのような田舎で応募者がどのくらいいるものなのか。虐待の重篤化したケースの入所も多く、職員も正しい理解と対応に対しての高度なスキルが求められている現状。『子育て支援員』の資格新設と合わせて、現職の資質の向上やメンタルケア、スーパーバイズ機能の向上も必要と感じている」

3. 子育て支援員制度との関連

1 子育て支援員に望むこと

　平成28年度に、厚労省は子育て支援員制度を発足させた。この制度は、預かり保育や地域保育、そして、放課後児童クラブなどの活動を補助する人を短期間の講習を通して養成するもので、いわば、アシスタントの育成プログラムである。そうした働きの場の1つとして、児童養護施設も構想されているが、子育て支援員は養成のシステムから言っても、あくまで補助者で、

正規のスタッフとして処遇できないのは確かであろう。

　実際に、児童養護施設の職員の声も、「指導員がすべてをこなすのは困難で、関わりを密にするためにも『子育て支援員』がいてくれると有難い」(150)、「宿題の支援や幼児の入浴援助に重点的に支援の手が必要」(306)、「職員の補佐として、『子育て支援員』に夕方〜夜の時間帯に入ってもらえると助かる」(277) など、職員の手薄な部分をカバーしてくれるアシスタントしての役割を、子育て支援員に託している。それだけに、具体的にいえば、「家事、育児、生活のスキルを持った人」(004)、「家庭的な躾をきちっと伝え、養育できる方」(087) を望んでいる。

(123)「『子育て支援員』にお手伝いいただくことで、子どもたちの生活やリズムが乱されないことを望みます」

(159)「幅広い知識と経験を持って、養護・保育しか知らない保育士等の能力の活性化になることを期待している」

(196)「児童養護施設内では、子どもを育てる支援をするのは役割としては当然のことと思いますが、その子ども達の親の支援が不足している（不充分）と感じます。親も色々な人がいて対応も多様化しています」

(277)「対応の難しい子ども、保護者が増えている。職員の補佐として、『子育て支援員』に夕方〜夜の時間帯に入ってもらえると助かる」

(179)「施設入所児童に対しての理解、特に虐待経験を受けた児童への対応スキル力の所得。施設は子ども達の生活場面であり、子育て支援員との交流も盛んとなるため、問題のある児童を切り離すことはできず、虐待の他、発達障害、愛着障害、コミュニケーション力等多岐にわたり課題があり、社会的養護コースの研修は時間をかけた方が良いと思います」

(100)「とにかく、人員・人材が不足しています。事務職員も配置基準は一

人ですが、一人では困難です。調理士も足りていません。指導員、保育士は当然足りていません。なぜ現場に合った対応がしてもらえないのでしょうか」

(020)「幼児の場合、年長・年中の子どもを幼稚園に通園させておりますが、年少は園内保育でやっております。年少児への支援を厚くしたいと思っております。学童の職員の勤務体系は朝・晩勤務（継続勤務）で実施しており、中間（昼）に体調を崩した子や、突発的なことが起こると対応が難しい時もあり、苦慮しています。医師への通院、その他の雑用等もしてもらえれば、現在のオーバーワークが解消に向かうと思います」

(150)「夕方からは児童が集まる時間帯なので、指導員がすべてをこなすのは困難で、関わりを密にするためにも『子育て支援員』がいてくれると有難い」

(025)「早朝の時間帯（6:00～10:00程度）もいてもらえると有難い。／ただ、人数がふえると、職員同士の連絡や引き継ぎ等が難しくなる等の問題もあり、一概に人数を増やしただけでは養育の質の向上が図れるとは限らない」

(030)「中学校が統廃合となり、遠い中学校へスクールバスで通学するようになり、そこに支援員（添乗者）が必要となったので、この制度を利用できればいい」

(023)「学習支援ができる『子育て支援員』を希望」

(306)「小規模ケアを実施しており、学校から帰園後の宿題の支援や幼児の入浴補助に重点的に支援の手が必要である。その部分を『子育て支援員』に担ってもらえると助かります」

(311)「幼児保育の支援も必要としていますが、学童以上の子の下校後の時間帯に対応してもらえる支援員がいると助かります。被虐待や障害を抱えた児童が増えているので、特性など十分理解した方による支援が必要です」

(142)「社会的養護の理解と援助スキル、人柄の良さなどを身に着けておられる方にぜひ来ていただきたいと思います。

(004)「家事、育児、生活のスキルを持った人を」

(014)「若い職員が多いので、子育て経験、家事技術等の知恵をお借りしたい。人柄の温厚な方が望ましい」

(143)「洗濯や掃除などの家事的な領域を主に期待したい。基本的には補助的な位置付けを希望する」

(087)「家庭的な躾をきちっと伝え、養育できる方を希望します」

(183)「大舎内で、ユニット（小規模グループケア）での生活を試みている。小規模化が進む中、食事づくり等の補助的関わりが支援員のイメージとして挙げられる」

(101)「児童養護施設のユニット化が進むにつれ、それぞれのユニットでの食事となり、職員も調理する必要性があります。料理の得意、不得意もあるのが現状。子どもたちの心の安定には、食の力は欠かせません。それを『子育て支援員』へ望みたい。もちろん私たち職員も調理の免許取得、栄養士さんの指導を受けながら勉強の途中です」

2 子育て支援員に託したいこと

　子育て支援員制度は、専門職の養成を目指すものではない。サポートする人材の養成なのだと思うが、それでは、子育て支援員にどんな資質を求めたいのか。表7-10によれば、何よりも、「温かい人柄」の持ち主であってほしい。そして、その人が「社会的養護についての理解」をもっていてくれれば有り難いという。児童養護施設は子どもを養育する場で、子どもたちは人間関係に恵まれない育ちをしているから、とくに「温かい人柄」が大事になるのには納得するものを感じる。

　それでは、児童養護施設は、子育て支援員の助けを求めているのだろうか。もう少し、具体的に設問をしてみた。表7-11は、子育て支援員の働き場所を具体的に尋ねた結果を示している。4つの領域でそれほどの開きはないが、まず、「食事などの日常的な世話」、次いで、「掃除や洗濯などの家事領域」といった生活面のサポートを求めている。たしかに、支援員といっても、きちんとした専門的な訓練を受けたわけではないから、人柄のよい人に来てもらい、子どもたちの世話をしてほしいというのであろう。

　なお、表7-13によれば、子育て支援員に望みたい勤務時間帯として、夜の6時から10時までの夜間が挙がっている。昼間は何とかなるが、夕食後から就寝までの4時間くらいが、もっとも援軍のほしい時間帯なのであろう。もっともな要望とは思うが、支援員講習の受講生の多くが家庭の主婦であることを考えると、「夜間の4時間」に応募できる支援員がどれくらいいるかについては疑問を感じる。大学生などに短期の研修を受けてもらい、働いてもらうほうが、現実的な提案になるように思う。

　なお、表7-14によれば、子育て支援員として働いてくれる場合、短期でなく、長期に勤めてほしいという。児童養護施設は限られた環境の中で生活しているから、パート的な人であっても、一緒に暮らす仲間で、それだけに、ずっと勤務してほしいというのは当然の気持ちであろう。

7章　児童養護施設職員が望む「子育て支援」

表7-10　子育て支援員に求めたい資質 (%)

	とても望む	かなり望む	あまり望まない	まったく望まない
①温かい人柄	71.6	27.2	1.2	0.0
②社会的養護についての理解	60.8	35.6	3.6	0.0
③扱いの難しい子への理解	53.2	34.7	11.8	0.3
④虐待についての専門的知識	50.0	43.0	6.7	0.3
⑤子育てについてのスキル	45.9	46.5	7.5	0.0

表7-11　子育て支援員の働き場所 (%)

	とても望む	かなり望む	あまり望まない	まったく望まない
①食事などの日常的な世話	32.3	55.3	11.2	1.2
②掃除や洗濯などの家事領域	29.4	48.6	20.8	1.2
③指導員の許で指導員の補助	26.0	50.8	22.0	1.2
④扱いの難しい子どもの世話	20.6	34.2	39.7	5.5

表7-12　食事などの日常的な世話×施設の型 (%)

	とても望む	かなり望む	あまり望まない	まったく望まない
①大舎型	29.9	56.9	12.4	0.7
②中舎型	36.7	46.9	12.2	4.1
③小舎型	34.7	56.4	7.9	1.0
④その他	31.0	54.8	14.3	0.0
全体	32.3	55.3	11.2	1.2

表7-13　望みたい勤務時間帯 (%)

	昼間	夜6～10時	夜間
①パート（有給）	17.4	72.9	9.7
②ボランティア	37.3	58.6	4.1

表7-14 子育て支援員に望む勤務年限 (%)

	短期も可	半年位	長期に
①パート（有給）	5.7	5.0	89.2
②ボランティア	25.3	11.3	62.3

③ 里親と児童養護施設の協力体制を築く

　今回の調査を通して、児童養護施設が慢性的な人手不足に悩んでおり、スタッフたちの疲れ切っている姿が浮かんできた。そのうえ、募集をかけても、人材が集まらない状況が明らかになった。里親調査を通して、これまで、発達障害の軽い子の対応は里親でも可能だが、重い子への対応は児童養護施設に託したいと述べてきた。したがって、里親にとっての頼りになる砦として、児童養護施設を考えてきた。しかし、今回の調査結果によれば、砦の職員は人手不足のうえに、充足もうまくいっていないという。残念ながら、砦は外から見る以上に多くの問題を抱えていた。

　これまで、里親にとって、児童養護施設は児童相談所と同じような厚労省傘下のお上の施設という感じで、両者間の関係は断絶している。しかし、実親との縁が薄く、親から虐待を受け、時には発達障害に見られる子の養育を心掛けているという意味では、児童養護施設も里親も同じ状況にいる。もちろん、里親が善意のアマチュアなのに対し、児童養護施設は専門家集団であろう。しかし、そうしたレベルの差を超えて、子どものために共同の歩調をとる必要があるように思う。最後に、自由記述の中から、1人の文章を再度紹介したい。

(203)「『子育て支援員』の制度には、全く期待していません。安上り福祉の典型です。社会的養護は虐待、発達障害への対応など専門的かつ高度な知識・技術が求められています。4年制大学を出ただけでもすぐには対応できません。高度な訓練が必要です。また、とても忍耐力、人間性の求められる職業です。保育士養成施設、福祉系大学の卒業者が安心して働ける給与体系等を設備するなどの施策をせずして『子育て支援員』制

度を進めるのは本末転倒だと思います」

　この声を、子どもの福祉にかかわる人々、子どものウエルビーイングに関心をもつ人々すべてに届けたい。それとともに里親たちにも、養育の難しい子どもを抱えて苦闘しているのは、あなた方だけではないのだと伝えたい。行政も、学校も、研究者も、実践家も、それぞれのポジションにいて、自分たちにできる里親支援とは何か、親の保護を受けられない子の支援とは何か、その方策を探っていくことが求められている。

　この章で扱ってきた資料に戻れば、里親も児童養護施設で働く人々も、保護された子どもたちの健やかな成長をとの思いは同じ。子どもたちの幸せを思い、そのウエルビーイングを願って、日々の苦労に耐えている。そうした人々への、いっそう充実した福祉の手が差し伸べられることを願わずにはいられない。

《引用・参考文献》
一般社団法人教育人材認定協会（平成 28 年）「児童養護施設の全国調査報告書」

終章

里親をしてよかったか

深谷昌志・深谷和子・青葉紘宇

最後に再びわれわれの全国調査の調査データに戻る。
　これまで、里親の養育の日々の大変さ、つらさを見てきたが、しかし、そうした日々は、大変なだけ、つらいだけの日々だったのだろうか。里親をしたことへの喜びと充実感はなかったのだろうか。また里子たちは、18歳（措置延長の場合20歳）以降社会的養護の傘を外され、里親の家を離れることになる。そうした年齢になった里子と、里親たちは以後どのようなかかわりをもとうとしているのか。里子を養育した歳月は、里親たちの人生でどんな意味をもつ日々だったのか。

1．実親との交流のない里子たち

　まず、養育中の里子が実親とどの程度の交流をしているかを見ていくことにしよう。
　実親と里子の面会は、児相で行われる。里親と実親の接触では種々面倒なことも起きるので、面会は児相の1室で設定され、その間里親は他所で過ごす。里子は、楽しみにしている場合もあり、そうでない場合もあるようだ。面会は実親の希望で行われる。
　表8-1によると、実親との交流が「全くない」子は、「実母」とは77.2％、「実父」とは90.4％である。実母と「月に何回か」会っている里子は4.9％に過ぎない。養育里親の下にいる子の場合に里子と実親との接触はきわめて少ない。なぜだろうか。
　その理由の1つは、もともと実親が子どもを里親に預けたがらないこと。つまり、子どもが自分より里親のほうになついてしまうことを嫌って、多くの実親が、わが子を里親より児童養護施設に預ける選択をすることと関連している。実親が行方不明とか、まったく養育を放棄した場合でないと、実親から子どもを委託する同意が得られにくく、里親は実親と縁の薄い子どもを委託されることが多いからである。
　専門家は、子どもの初期の人格形成上、家庭的な養育環境が望ましいことには疑問の余地がないとする。しかし委託先は、親権をもつ親の意向が絶対

表8-1 実親との交流（面会） (%)

	月に何回か	年に何回か	ほとんどない	全くない
実母と	4.9	8.6	9.3	77.2
実父と	1.4	4.5	3.6	90.4

視され、子どものウエルビーイングは二の次である。実親の中には、自分のした虐待行為やネグレクトは棚に上げ、行政による子どもの保護（引き離し）に不満をもっている者もいる。自分が親としての子どもの扱いや保護の要件を欠いているという自覚は、しばしば（虐待行為をした）実親に希薄で、養育家庭が子どもの成長にとって最適であればあるほど、子どもを里親に預けたがらない傾向もある。とりわけ少子化の今は、親にとって最大の財産は実子なのであろう。子どもにとって何がウエルビーイングかを、広く判断できる風土が、今後日本でも育つことを望みたい。

里親希望者のウエイティングリストは一杯なのに、里子を委託してもらえないとの里親希望者の不満をよく耳にするが、児相側、児童養護施設側の対応にも問題があると言えるのではなかろうか。児相側には、委託先の里親に養育上の信頼感が得られず、里親委託に慎重であるという問題もありそうだが、里親委託が進まない背景には、それ以上に、実親の「里親には預けたくない、児童養護施設の方が（親にとって）好都合」との身勝手な主張が1つの要因となっていると思われる。

こうした（虐待をした）実親の身勝手さが里子のウエルビーイングを阻むのは、委託先の希望にとどまらない。養育途中での実親の介入（引き取り）である。せっかく里子を育てていても、里子が成長すると、または養育途中でも、実親が里子を強引に引き取ってしまう場合がある。実親の生活環境がいまだ子どもの成長に適していないとか、虐待の再発の可能性を思うと引き取りが危険だと児相が判断しても、親権を盾にされては里親としての立場は弱く、里子のウエルビーイングは二の次になってしまう。里親は、子どもが成長するまでの「一時預り処」でしかなくなり、「実親以上の親として、里子を懸命に養育してきた歳月は一体何だったのかと思うことがある」と嘆く里親の声も聞く。

2. 親権か、子どものウエルビーイングか

　欧米のように、18歳になったら子どもは親から完全に自立し、親も老後は子どもの世話にならないとする文化のある社会とは、わが国は根幹の部分で、人々の家族についての意識が違う。また一般人だけでなく、親権の制限はわが国の家族制度を揺るがすものとして、一部の政治家や法学者から強固な反対論があって、手を付けにくい領域でもある。もともと、子どもの福祉、子どものウエルビーイングという思想そのものがわが国には不在で、残念ながらそれは、近代になっての西洋からの借り物に過ぎないのかもしれない。

　養育途中の実親による引き取りで、里親も里子も心に傷を負いながら別れていった事例に出合ったこともある。例えば、ひとり親（実母）が長期に入院し、祖父母も養育能力を欠くような場合は、一定期間子どもの養育を里親に託した後で、実母の体調が回復すれば子どもを引き取っていくのは当然かもしれない。しかし、子どもに虐待を重ね、子どもの生命をも脅かし、または自らの意志で養育放棄をした、いわば犯罪者すれすれの実親の場合にも、また、無知からくる「親性（おやせい）」の劣化した親にも、親権は尊重されなければならないのだろうか。

　大藤ゆきの『児やらひ』（三国書房、1944年）は、師である柳田国男の薫陶を生かした民俗学的な子育て論の古典だが、同書の中で、大藤は、民衆の家庭では、子どもは親だけでなく、親族や地域の人に守られて育つと指摘している。実際に若くして死ぬ人々（実親）が多い時代に、子育ては親族や地域ぐるみの営みだった。そうした中で、明治中期以降、国家の統一原理として家族国家観が提唱され、その関連で、忠孝が重視されると同時に親権という概念が浸透することになる。

　むろん、かたくなな親権保護の主張は、現実的でないかもしれないが、欧米に見るように、夫婦別姓の導入や事実婚の承認、同性婚への承認などと並んで、一部の政治家や研究者が提唱する親権の過大とも言える尊重は、現在の国際的な基準から逸脱しているのではなかろうか。

終章　里親をしてよかったか

　近年、里親の下で育った子を実親の下に戻し、家族の再統合を図ろうとする家族支援の動きが強まっている。実際問題として、実親に問題があった場合、短期間にその健康性の回復が可能なら、子どものウエルビーイングに連なる対応とも考えられる。しかし、子どもの虐待の背景には、家庭の崩壊や「親性（おやせい）」の劣化もあるとされる。そうした問題性のあった家庭が数年後に、家族として十分に再構築できるかどうか。その判断はケースバイケースであって、一律に家族再統合を推し進めていいものだろうか。

　さらに言えば、実親家庭の（早期の）再統合を前提とする場合に、里親は、実親の家庭が再構築されるまでの間だけ、子どもを避難させる「一時預かり所」的な存在となる。そうした便利屋的な位置づけでは、里親に親身な里子養育ができるだろうか。里親たちの献身的な養育の現状を知れば知るほど、子どものウエルビーイングを、最優先すべきではなかろうか、との思いに駆られる。実親の家庭の再構築が短期的に可能であれば、実親の許に戻すのが妥当と言えるが、必ずしも再構築に期待をもてない場合には、里親を親代わりとして育つことこそが、子どもの本当のウエルビーイングに連なると考えられる。

　期間を限定して、実親の親権をもっと容易に停止する対応も必要ではなかろうか。実親の家庭の状況や里子の心情などを配慮して、きめ細やかな個別的対応が必要と考えられる。

　親と子の絆をどう考えたらいいか。義務としての親の養育責任、権利としての親権をどう考えたらいいかの議論は、別の機会と場にゆだねたいが、里子側に立って、そのウエルビーイングを思うとき、序章で見てきたように、親も多様化し、「親性（おやせい）」の劣化した親も出てきている現状を踏まえて、今後広く議論がなされるべきであろう。

　例えばアメリカでは、児童相談所の監督下に置かれた瞬間から親権が停止される場合が多い。日本の場合でも、欧米に倣って、何よりも子どものウエルビーイングが第一とする制度（文化）にわが国も移行していくべきではなかろうか。

221

3. 里子との18歳以降の関係

　では里親は、現在養育中の里子Ａちゃんの18歳以降の人生とどうかかわっていこうとしているのかを見ていく。

　里子の養育は基本的に18歳（20歳）で終わるが、近年では18歳での社会的な自立は日本の場合難しく、それ以降も、里子を大学や専門学校に通わせ、または就職の面倒を見るなどしている里親が少なくない。18歳以降の里子を進学させ、住まいや就職の保証人になった話を何人もの里親から聞く機会があった。中には、元里子が多額の借財を負って、その穴埋めをしたり、就職の際の保証人となった子が問題を起こして、かなりの賠償金を払った事例も耳にした。

　時にそうしたリスクをも負う里子との18歳以降の関係を、里親はどう考えているか。表8-2では、里子との将来の関係を尋ねている。

　表が示すように、「家族として同居したい」の35.7％、「近所（に住ん）で家族同様に（暮らしたい）」の22％を合わせた小計は57.7％で、里親の6割が里子を将来も家族の一員と考えていることがわかる。その一方で、「ほどほどの関係に」30.8％と「自立して欲しい」11.4％の、合わせて42.2％は、家族としてではなく、多少とも距離をおく関係、または「他人の関係」を望んでいる。中でも「自立して欲しい」には、里子に人として自立してほしいとの願いの他に、「これ以後は他人の関係になりたい」という気持ちもありそうだ。表8-3に見るように、人の気持ちに鈍感な里子ほど「自立して欲しい」「ほどほどの関係に」の数値が高いのが、それを示している。

　18歳以降、里子とは他人の関係になりたいと望む里親は、①はじめから一定期間の養育を担うだけの社会奉仕的な動機から里親を始めた場合、または、②実子のつもりで養育したが、良好な（里）親子関係が成立せず、最終的に里子を家族外に出したいと考えた場合の、いずれかは不明である。おそらく、里子の中にある「問題」や里子との「関係」からくるのであろう。そうした里子との問題や関係の一端を、すでに見た里子の心の特徴、中でも、「人の気持ちへの鈍感さ」の尺度（2章の表2-10）との関連で見てみる。

表8-2 里子（Aちゃん）との将来の関係

(%)

自立して 欲しい	ほどほどの 関係に	近所で 家族同様に（①）	家族として 同居したい（②）	家族同様に （①+②小計）
11.4	30.8	22.0	35.7	(57.7)

表8-3 Aちゃんとの将来×人の気持ちへの鈍感さ

(%)

	自立して 欲しい	ほどほどの 関係に	近所で 家族同様に（①）	家族として 同居したい（②）	家族同様に （①+②小計）
ひどく鈍感	18.2	42.5	18.7	20.6	(39.3)
やや鈍感	12.9	29.5	22.2	35.4	(57.6)
ふつう	3.4	22.0	25.0	49.6	(74.6)
全体	11.4	30.8	22.0	35.7	(57.7)

$p < 0.001$

　表8-3が示すように、里子を人の心に「ひどく鈍感」としたグループでは、「自立して欲しい」が18.2％、「やや鈍感」としたグループでは12.9％、「ふつう」としたグループではわずか3.4％と、「自立して欲しい」の数字が順次減っていく。逆に「家族同様に」と考える里親は、「ふつう」群では実に74.6％と7割を超え、「やや鈍感」群ですら57.6％もいる。

　人についての心の感度に問題が少なかった子については、18歳を過ぎても家族の一員であり続けたいと里親は考えている。しかしここで胸を打たれるのは、人の気持ちにひどく鈍感な傾向があって、おそらく里親ともトラブルの多かったであろう里子の場合でも、他の2群と比べれば数字は小さいが、それでも「家族の関係」をと思う里親が小計で39.3％もいることである。心がギクシャクしたことが多くても、そこにあった日々の積み重ねの中で、家族としての「情」が生まれているのであろう。ただしこれは、養育を返上しなかった里子についての数字ではあるが。

　それでは、この場合の「情」とは何か。すでに5章で見てきたように、今回の調査項目で言えば、「里子と気持ちが通じ合うか」であろう。表8-4は、将来の里子との物理的・心理的距離と（表5-1で見た）「心の通じ合い」との関係である。

表8-4　里子（Aちゃん）との将来×心の通じ合い

(%)

	自立して欲しい	ほどほどの関係に	近所で家族同様に（①）	家族として同居したい（②）	家族同様に（①＋②小計）
心が通じない	43.1	45.1	5.9	5.9	(11.8)
時々通じない	17.0	42.2	20.7	20.0	(40.7)
わりと通じる	5.5	28.2	26.1	40.3	(66.4)
とても通じる	4.0	16.7	21.2	58.1	(79.3)
全体	11.4	30.8	22.0	35.7	(57.7)

$p < 0.001$

　表で、18歳以降は他人の関係になることを望む「自立して欲しい」の数字は、「心が通じない」群では43.1％と他を引き離して多い。「わりと・とても通じる」群で「自立して欲しい」は5.5％、4.0％と僅少である。逆に家族同様の関係（小計①＋②）の数字は、「とても通じる」群では、ほぼ8割で他を引き離して多く、「わりと通じる」群でも66.4％もいる。しかし「心が通じない」群では11.8％と僅少である。

　里子と心が通じるかどうかが養育継続のカギでもあり、また将来の心理的距離のとり方にも反映していることがわかる。一口で言えば、歳月の長短にかかわらず、里親と里子の間に「心の絆」が結ばれたか、「関係」が成立したかが、養育継続の重要な要因となると思われる。

　実際には、里子の多くは18歳以降も実家には戻らないか、または親との縁を切って生活する場合が多いという。数は不明だが、糸の切れた凧状態で社会の暗い部分で生活している元里子もいると聞く。他方で、自立して生計を立てるようになった後でも、（明治や大正時代の日本にあった「若者宿」同様に）何かと里親の家に出入りし、いわば失った自分の「家族」の代替として、心のよりどころにしている事例もあり、そこに新たな里子がいる場合は、一種の兄貴分としてふるまっている場合もあるとか。また、設置の目的とは多少ずれるかもしれないが、現行のファミリーホームが地域に根づいて、こうした18歳以後の（元）里子の心のよりどころの機能を果たしている例もあると聞く。むろん、里子の「人なつこさ」や、自立後の適応状態も絡んでのことであろうが、こうした、ほどほどによき「つながり」を残した関係になっ

ていくことが、里子の人生にとっても里親にとっても、理想的な姿ではなかろうか。

4. 週末里親——里子、里親にたくさんのゲストハウスを

　次に里親制度に関連して、「週末里親（長期休み・短期休みの里親）」についての里親の意見を聞いてみた。
　関連した制度としては、厚労省が定めるレスパイト・ケアがある。里親が一時的な休息を必要とするときに、乳児院、児童養護施設、他の里親等に短期間委託をする制度である。また、児童養護施設には子どもに家庭体験させるためのプログラムもある。しかしそうした制度ではなく、もっと温かく、市民の側からの善意に支えられるプログラムは考えられないだろうか。
　筆者らが見聞した外国の例を引く。スウェーデンのある大学を訪問した際に、学生から週末に里親の子どもを預かるサークルの話を聞いたことがある。土曜の朝に子どもを迎えに行って、日曜の夜に子どもを戻す活動で、2〜3人でグループを組み、子どもを預かっている。自分の家に連れてくることもあるが、車を運転して、海辺や森林を散策することも多いという。学生たちの中に事実婚をしているカップルも多いので、こうした活動は将来の子育ての参考にもなると彼らは言う。次回には身体的な障害をもつ子の世話をしたいと、そのとき、関係者と細かな打ち合わせをしていたようだった。サークルのメンバーは40人ほどだったが、他大学との連携も図っているとかで、北欧の社会的な養護の奥の深さにふれた思いがした。
　日本の場合の「週末里親のプログラム」は、ややそれに近い雰囲気をもっているかもしれない。大阪府が家庭養護促進協会を通じて行っている「週末里親」の募集のチラシには、こう書かれている。
　「お申し込みの後で、協会から家庭訪問をさせていただき、家族全員の方と面談し、週末里親を引き受けていただく際の注意点などを説明いたします。1日1,500円の謝礼と1回1,500円の日当、訪問時に生じた事故については弁償責任保険で対応します」とある。ただしこの制度は、「児童養護施

表8-5 「週末里親」(長期休み里親・短期里親)を多くの
　　　人が気軽に引き受けるようになったらと思うか (%)

とても そう思う	わりと そう思う	あまり 思わない	全く 思わない
54.3	31.8	10.9	3.0

設」の子ども対象で、家庭生活体験のために「週末、お盆、正月などに、無理をせず、肩の凝らない『程よい距離と関係』を保って、長くお続けいただけることがねらい」とある。

　養育家庭の中の里親や里子の場合もこうしたプログラムが必要で、いわば、もう1軒の親戚、もう1か所の居場所、数か所のゲストハウスの提供を、市民の善意の上に作り出せないだろうか。

　こうした「週末里親」制度の充実について聞いたのが表8-5である。

　里親の里子養育は24時間体制だが、実子を育てる専業の母親の場合ですら、幼い子と終日向かい合い、それが何日も続くと閉塞感に襲われることがあると聞く。母親が気晴らしのできる時と場の必要性が説かれて、最近では各地でくつろぎの場の設定も図られるようになっている。まして、とりわけ養育の難しい子を育てている里親には、週末等に、時に子どもを預けることのできる、もう1軒の親戚のような場ができれば、所用も足せ、心身の回復もできて、困難の多い里子の養育も継続できるのではなかろうか。

　海外の事情はともあれ、表にあるように、週末里親をする人々が増えていく状態が必要と考えている里親は、「とても・わりと」を合わせると86.1%にもなる。この制度によって、恒常的により良質の里子養育が生み出せるのではなかろうか。

5. また里子を預かりたいか

　種々の養育困難の下で里子を養育している人々に、「これから先も、また里子を預かりたいか」を尋ねたのが表8-6である。表に見るように、「ぜひ

表8-6　現在の里子がある年齢になったら、また里子を預かりたいか (%)

ぜひ預かりたい	場合によって預かる	預かる(小計)	あまり預かりたくない	預かりたくない
35.0	43.7	(78.7)	8.8	12.5

表8-7　また里子を預かりたいか×養育困難 (%)

		ぜひ預かりたい	場合によって預かる	預かる(小計)	あまり預かりたくない	預かりたくない
養育困難	ひどく困難	35.2	40.3	(75.5)	9.1	15.4
	普通位困難	31.4	45.9	(77.2)	9.3	13.4
	わりと育てやすい	36.6	47.1	(83.7)	7.6	8.7
	とても育てやすい	47.1	36.8	(83.9)	5.9	10.3
全体		35.0	43.7	(78.7)	8.8	12.5

預かりたい」が35％、「場合によって預かる」の43.7％を含めると78.7％で、8割の里親が今後も里子を預かって里親を続けたいと答えている。

しかも、次の表8-7から養育困難との関連を見ると、養育が「ひどく困難」な里子を育てている里親でも35.2％が、今の里子がある年齢に達したら、今後もまたぜひ里子を預かりたいとしていて、「場合によって」を合わせると75.5％もの里親が、今後も里親を続けたいとしている。里親とは、子どもを育てることが好きで、熱き心の人々であることに心打たれる。

このように「里親を今後も続けたい」とする数値の高さは、里親として子どもを育てていくという営みには種々苦労もあるが、里親をすることは、それらを超えた喜びの日々でもあることを示すものであろう。

6. 里親をしてよかった！

最後に、里親問題の総括とも言うべき設問、「里親をしてよかったか」を尋ねた結果を表8-8に示した。

表が示すように、「とてもよかった」が68.4％と、7割に近い。驚異的と

も言える数字である。「わりとよかった」の19.9％を含めると、88.3％と、実に9割の里親が「里親をしてよかった」と答えている。里子を育てる日々には種々苦労もあるが、それをしのぐ大きな喜びがある。生きる意味につながる、充実した人生の一部となるのであろう。

また、養育困難との関連を見た表8-9によれば、「とても育てやすい」子を育てた里親の87.1％が、「（里親をして）とてもよかった」としているのは当然としても、養育が「ひどく困難」な子を育てた里親も、60.5％が里親をして「とてもよかった」と答えている。

ただし、先に指摘したようにこの項目は、現在も養育を継続している人々を対象に聞いており、暗数である「里親から脱落した里親」は入っていない。したがって、現在、里親を続けている人々、そして、今後も里親を続けたいと思っている「里親の優等生」の数字であるとも言えるが、それにしても「よかった」とする里親の多さには、驚嘆もし、心満たされる思いがする。

なお、里親の大変さに関連して、「里親の大変さを世間の人々は理解していると思うか」と尋ねた結果を、表8-10に示した。

表の一番下（全体）にあるように、「とても理解されている」はわずか1.2％でしかない。「あまり理解されていない」「全く理解されていない」が合わせて71.1％にも達する。数字は養育年数に関係なく7割前後である。里親の大変さは世に理解はされていないが、自分の中には充実の日々がある。それが里親の心境なのであろう。

最後に委託料についても尋ねてみた。里親手当は、養育里親の場合に月額72,000円（2人目以降36,000円加算）であり、別に子どもの生活費や学費等が支給される（自治体によって多少の差がある）が、表8-11によれば、委託料は「かなり十分」が25.7％、「やや十分」20.3％、「まあまあ十分」33.5％を合わせると、8割近くなる。不足を感じている里親は2割でしかない。多くの里親は委託料の額よりも、里子の養育という社会的に意味のある仕事に誇りをもち、それに「社会的理解と（金銭以外の）支援」を望んでいるのではなかろうか。

終章　里親をしてよかったか

表8-8　里親をしてよかったか (%)

とても よかった	わりと よかった	半々	あまり よくなかった	全く よくなかった
68.4	19.9	10.8	0.8	0.1

表8-9　里親をしてよかったか×養育困難 (%)

		とても よかった	わりと よかった	半々	あまり よくなかった	全く よくなかった
養育困難	ひどく困難	60.5	21.4	16.1	1.6	0.3
	ふつう位困難	67.8	22.1	9.3	0.8	0.0
	わりと育てやすい	75.3	16.7	8.0	0.0	0.0
	とても育てやすい	87.1	8.6	4.3	0.0	0.0
全体		68.4	19.9	10.8	0.8	0.1

$p < 0.01$

表8-10　里親の大変さへの理解×委託期間 (%)

		とても理解 されている	わりと理解 されている	まあ理解 されている	あまり理解 されていない	全く理解 されていない	理解されて いない(小計)
委託期間	1年	1.4	11.3	21.1	45.1	21.1	(66.2)
	2～3年	1.4	11.4	20.0	48.2	19.1	(67.3)
	4～5年	1.3	7.9	19.1	56.6	15.1	(71.7)
	6～9年	0.6	5.8	15.8	60.8	17.0	(77.8)
	10年以上	1.5	9.6	16.9	61.0	11.0	(72.0)
全体		1.2	9.6	18.1	54.2	16.9	(71.1)

表8-11　委託料は十分か (%)

かなり十分	やや十分	まあまあ	やや不足	とても不足
25.7	20.3	33.5	14.1	6.4

7. まとめ──里親への「子育て支援」のために

　縁があって自分の手元で育つことになった里子を、わが子同様に熱い心で慈しみ育てている里親を一番悩ますのは、世間の決して温かくないまなざしと、ふつうの里親の努力をもってしてはカバーし切れない「発達の偏り」がある子、虐待のPTSDの支配を今も受ける子、しばしばふつうと違った生育環境の中で育ち、3章・4章で見てきたように、今なお独特な「心の世界」に居続ける、または完全にはその「心の世界」から抜け切れていない里子を養育していく難しさではなかろうか。

　そうした日々を支えるのは、里親と里子をとりまく多くの人々の支援──隣人も、向かいの家の人々も、クラスメートの親たちも、地域の人々も、先生も、いわば多くの「世間の人々」の理解と温かい「まなざし」であろう。しかしわが国では、里子を育てていることに好奇の目や安易な同情が寄せられるので、里子であることを隠そうとしている里親も少なくないと聞く。

　里親は、実親との縁の薄い子を善意で預かったふつうの人々に過ぎない。もちろん、里子にとっては、愛と熱い心がある「ふつうの親」に育てられることで十分かもしれないが、しかし2章で見てきたように、問題を抱え、ひどく養育の難しい子を委託されて、心身ともに大きなストレスを受け、悪戦苦闘している里親も少なくない。それは、里親にとっても、育てにくい特質をもつ里子にとっても、決してウエルビーイングな状態とは言えないであろう。

　子どもが幼いときには、障害の有無や程度は、専門家にもわかりにくいことが多い。乳幼児期に委託された後でも、その後、発達の偏りが明らかになったときは、里親に抱え込ませずに、専門家が継続的な支援にあたることや、また時には慎重に手順を踏みながら、専門機関での養育に移行させることも望ましいのではなかろうか。

　そのための具体的な一歩として、児相の「里親担当」の専門性を高め、里親と恒常的な関係を保たせる改革が必要であろう。里親たちからは「里親担当がしょっちゅう替わる。子育て経験のない人が担当になる」との声も聞か

れ、他方で児相側からは、里親担当は苦労が多い仕事なので、人事配置が難しいとの声も聞く。里親担当が里親に適切な助言や指導を行う能力をもっていれば、里子の問題の多くは解決するのではなかろうか。里親の身近な相談相手として、より高度の専門性をもち、少なくとも数年は異動しない専従の里親担当の配置を望みたい。

　また、形骸化している「専門里親」の拡充と専門性の向上も望みたい。そして、アメリカなどで見かける試みだが、専門里親を地域のハブ・里親として、まわりの里親のまとめ役を担わせるのも１つであろう。

　最後になるが、本書で繰り返し指摘してきたように、里親たちは、預かった子の発達障害に当惑している。一般的にも、発達障害を伴う里子が増加し、里親にもそうしたタイプの里子を委託されるケースが増えて、どの里親も養育に苦労している。そして、6章でふれたように、里親から見て砦になるはずの児童養護施設も、発達障害の子への対応に職員は疲労し切っている。

　里親が抱える「発達の偏りの多い子ども」については、その療育（治療や教育）に専門家の支援が必要なのは言うまでもない。発達障害等の治療や教育的訓練の施設が全国には約500か所あるとされるが、ほとんど障害の重い子が対象なので、中軽度の子どもが児童養護施設に入ることが多いとされる。そこで厚労省は、児童養護施設に発達支援に詳しい保育士や作業療法士等の専門家を派遣して訓練法の指導にあたらせることにしたと報じられている（朝日新聞2016年1月6日朝刊による）。これは、地域の児童発達支援センターと名付けられ、質量ともに拡充の方向にあるとされる。

　しかし、この試みも焼け石に水の対応で、もう少し抜本的な対策が必要ではなかろうか。里親は養育の専門家ではないが、熱い心をもち個人的な対応を厭わない人々である。アセスメントを念入りに行って、障害の軽い子どもに対しては、児相の「里親担当」などの助言を得ながら、里親が養育にあたる。中程度の障害をもつ子どもへの対応は（養育の専門性を高めた）専門里親に託し、重度の障害をもつ子どもの場合は、児童養護施設の専門性をより高めて、専門的な療育にゆだねるような体制がより十分に整えられることが必要であろう。

また、発達障害の子どもにかかわっているという意味では、里親も、専門里親も、児童養護施設も同じ立場である以上、さまざまなレベルでの交流や研修会を重ね、それ以上に、医学領域、心理学、福祉学領域等の研究者による治療や療育の研究の進展を大きく期待したい。

　それと同時に、児童養護施設と里親とが、共同歩調をとって、なぜか近年増加しつつある発達障害等の問題を抱える子への対応の必要性や困難さを社会的に訴え、広い社会の支援を求めていく。そうした試みが重要であると考えられる。

　なお、欧米の社会的な養護では、州や市などの行政区ごとの取り組みが重視されている。もちろん、この場合に地域格差が生じ、優れた取り組みをする地域が生まれる反面、劣悪な状況の地域も見られることになる。それに対して日本の場合には、厚労省の指示で全国が画一的に動いていく。社会的な養護の問題は個人によって状況が大きく異なるから、厚労省はガイドラインを提示するのにとどめ、里親の主体性をもう少し尊重してもよいのではないか。それを地域レベルで捉えると、児相が里親に強く指示をする状況を目にする。里親から「泣く子と児相には勝てない」という声を聞くこともある。児相は自分たちの声に十分耳を傾けず、尊重もしてくれず、配慮に欠けるという不満である。児相は里親に子どもの養育を「お願いしている立場」なのに、「養育させてあげている」という感じがするという声である。里親や里親会の自主的な判断を、もう少し尊重してほしいと思う。社会的養護の推進にあたっての児相の姿勢のもつ意味は大きいことを、児相関係者がより自覚されることを望みたい。

　こうしたいくつかの試みを組み合わせて、里親への支援体制を整備し、里親への委託率を高め、養育返上率を抑えると同時に、時には、よりよき委託先への移行も図るなど、里親に過重な負担を負わせない条件整備が必要であろう。それらの支援が総合的に機能することで、里親委託率は、現在の厚労省の数値目標の３割ではなく、５割にもそれ以上にも、すなわち欧米の水準にまで引き上げられるのではなかろうか。

あとがき

社会的養護との出会い

　本書は、専門やキャリアをまったく異にする3人のジョイント作業で執筆された。共著者の1人・深谷和子は児童臨床心理学の研究者として、不登校やいじめなどに取り組んできた。また、深谷昌志は教育社会学の専攻で、子どもの意識や行動についての実証研究を重ねたキャリアの持ち主である。その間、2人はそれぞれの領域で、子どもの問題の解明を重ねてきたが、社会的養護の問題との接点は少なかった。

　東京成徳大学に勤務中、平成22（2010）年度末に、同僚の開原久代教授（児童精神医学専攻）が厚労省に基盤研究を申請することになり、共同研究者として申請に名を連ねた。この申請が採択され、平成23年から「社会的養護における児童の特性別標準的ケアパッケージ」研究が発足した。この研究は、社会的養護を国際比較的に検討するなどの多面的な性格を帯びていたが、同プロジェクトの中で、筆者らは日本の里親事情を解明する役割を担うことになった。といっても、社会的養護の問題を研究対象としたことがないので、研究をどう進めたらよいかわからなかった。たまたま、同研究プロジェクトに、東京都里親会の会長・青葉紘宇氏が参加していたので、同氏に相談すると、とにかく里親に会って、話を聞くようにと助言された。そして、東京都在住の里親20数人を紹介された。

　里親との面接にあたっては、事前に書類のやり取りをして、里親の情報を入手した後で、1人1時間半程度の個別面接を行うことにした。面接内容を確認する事後のやり取りもするので、手間がかかり、疲労感を伴う面接だった。しかし、里親を通して、里親問題のABCを教えてもらう感じだった。翌24年、青葉氏から東京以外の里親事情を聞き取ったらとの助言を受けて、

調査地点を広げ、里親面接を継続した。

　そうした面接調査での知見をもとに、23年度に、里親対象の全国調査を実施して、その成果を深谷昌志・深谷和子・青葉紘宇編著『社会的養護における里親問題への実証的研究――養育里親全国アンケート調査をもとに』（福村出版、2013年）として刊行することができた。

　幸い、同書は里親問題の数少ない研究書としての評価を得ることができた。しかし、何となく達成感をもてなかった。同書を執筆する中で、あらためて、実親から虐待を受けた里子の割合が予想以上に多い、というより、実親からの別離そのものが、子どもに対する虐待であると実感するようになった。それと同時に、障害を抱える里子が多いことも気にかかった。そこで、平成24年度に、全国里親会のご協力を得て、虐待や発達障害に傾斜をした2回目の里親対象の全国調査を実施し、平成25年度にデータの分析を行った。本書に収録した全国調査のデータは、平成24年度の第2回調査に基づいている。

キャリアを異にする3人のジョイント作業

　そうした全国調査と並行して、青葉氏の助言をもとに、里親と面接する地域を静岡や姫路、松山、仙台などへと広げていった。そして、個別面接をした里親の数は100人を超えるようになった。面接数が増えると、同じ話の連続で退屈するのではと思われるが、しかし、お話をお聞きするたびに新鮮な感動を受けた。里子との養育の日々は、それぞれ個別の事例であり、事例の示唆する内容はそれぞれに印象深かった。本書の量的なデータは2回目の全国調査の結果を踏まえているが、結果についてのコメントの多くは、里親との面接から得た感触をもとにしている。執筆していると、面接した里親の声が聞こえてくる。それを文字にする感じだった。

　そうした意味では、本書の特性は面接調査を踏まえての考察にあると思うが、すでにふれたように、深谷和子は臨床心理学の研究者として、長年問題をもつ子どもを対象にプレイセラピー（遊戯療法）や、大人へのカウンセリングを行ってきた。それだけに、面接を通して、対象者の心の裡を聞き取る

ことの大事さを痛感していた。そこで、そうした臨床心理学の知見を社会的養護の世界に導入したいと考えて、里親対象の面接調査を実施することにした。そして、執念と思えるくらいに、面接調査を重ね、里親の心の裡にあるものを拾い上げていくことにした。

もちろん、面接調査といっても、どこで誰と面接するかが大事になる。しかし、研究者の2人は里親の事情をまったく知らなかった。青葉氏は東京都里親会の会長として、事情を熟知しているので、面接調査の出発地として、東京の下町での里親調査を企画してくれた。そして、平成24年に、地縁的な集団の残る那覇、日本の中では地域性の開かれた札幌と、聞き取りの地域を拡大してくれた。その後、大都市の縮図ともいえる川崎、ファミリー・ホームに関連して仙台と、面接地点を広げ、平成28年9月段階で、全国18地点で、300人近い里親から話を聞く機会をもてた。それぞれの地域に、その地域らしい里親の姿があるのを実感できた。しかし、本書では、そうした地域差について言及することはできなかった。地域差の検討を含めて、正直に言って、里親面接から得たもののほんの一部しか本書に反映できなかったと、無力さを感じている。それにしても、青葉紘宇氏という名パイロットの道先案内で本研究は里親問題の本質に迫れたと、同氏に感謝している。

なお深谷昌志は、長年子ども問題を中心に社会調査を重ねてきた。調査の場合、問題の所在を定め、調査票を作り、分析することが大事になるが、本研究でも、深谷昌志がデザインを組み立て、進行する役割を担った。そうした意味では、三者がそれぞれに個性を発揮して、研究を進めた感じがする。

平成23年3月に、厚労省のプロジェクトは終了したが、虐待や発達障害の問題に、まだ解明したい問題が残されているのを感じた。そこで、平成26年度に、中山哲志東京成徳大学教授（福祉心理学専攻）を研究代表者として、文部科研の基盤研究を申請し、採択されることとなった。現在も、里親・里子研究を続けているが、平成23年から重ねてきた里親・里親研究への思いの多くを、本書に盛り込むことができたと感じている。

繰り返しになるが、里親からお聞きした話のほんの一部しか生かせなかった力量不足をお詫びしたい。そして、あらためて、話を聞かせていただいた多くの里親たちに心から感謝したいと思う。それと同時に、面接についての

アレンジをしていただいた各地の児童相談所のスタッフや各県里親会の人たちにもお礼を述べたい。

　最後に、出版事情の厳しい現在、本書の出版を快諾していただいた福村出版・宮下基幸社長に感謝したいと思う。また、校正にあたり、小山光氏から多くのご助言を得た。

2016 年 9 月 25 日

深谷　昌志

著者紹介

深谷 昌志（ふかや・まさし）
東京成徳大学名誉教授（教育社会学専攻）。奈良教育大学教授、放送大学教授、静岡大学教授、東京成徳大学教授を経て現職。主著に『子どもから大人になれない日本人——社会秩序の破壊と大人の消失』（リヨン社、2005年）、『昭和の子ども生活史』（黎明書房、2007年）、『日本の母親・再考』（ハーベスト社、2011年）、『社会的養護における里親問題への実証的研究——養育里親全国アンケート調査をもとに』（共編著、福村出版、2013年）など。

深谷 和子（ふかや・かずこ）
東京学芸大学名誉教授（児童臨床心理学専攻）。筑波大学教育相談研究施設助手、東京学芸大学教授、東京成徳大学教授を経て現職。主著に『「いじめ世界」の子どもたち——教室の深淵』（金子書房、1996年）、『子どもを支える——子どもの発達臨床の今とこれから』（北大路書房、2003年）、『遊戯療法——子どもの成長と発達の支援』（編著、金子書房、2005年）、『社会的養護における里親問題への実証的研究——養育里親全国アンケート調査をもとに』（共編著、福村出版、2013年）など。

青葉 紘宇（あおば・こうう）
里親、社会福祉士。少年院教官、障害者施設、児童相談所を経て、NPO法人「東京養育家庭の会」理事長、NPO法人「こどもの地域生活サポーターこぴあ」理事長。著書に武藤素明編著『施設・里親から巣立った子どもたちの自立——社会的養護の今』（分担執筆、福村出版、2012年）、『社会的養護における里親問題への実証的研究——養育里親全国アンケート調査をもとに』（共編著、福村出版、2013年）。

虐待を受けた子どもが住む「心の世界」
―― 養育の難しい里子を抱える里親たち

2016年12月5日　初版第1刷発行

著　者	深　谷　昌　志
	深　谷　和　子
	青　葉　紘　宇
発行者	石　井　昭　男
発行所	福村出版株式会社

〒113-0034　東京都文京区湯島 2-14-11
　　　　　　電　話　03 (5812) 9702
　　　　　　Ｆ Ａ Ｘ　03 (5812) 9705
　　　　　　http://www.fukumura.co.jp

印　刷	株式会社文化カラー印刷
製　本	本間製本株式会社

©M. Fukaya, K. Fukaya, K. Aoba 2016
Printed in Japan
ISBN978-4-571-42061-0 C3036

落丁・乱丁本はお取替えいたします
定価はカバーに表示してあります

福村出版◆好評図書

深谷昌志・深谷和子・青葉紘宇 編著
社会的養護における里親問題への実証的研究
●養育里親全国アンケート調査をもとに
◎3,800円　ISBN978-4-571-42052-8　C3036

養育里親への全国調査をもとに里親と里子の抱える課題を明らかにし、これからの家庭養護のあり方を問う。

武藤素明 編著
施設・里親から巣立った子どもたちの自立
●社会的養護の今
◎2,000円　ISBN978-4-571-42046-7　C3036

アンケート調査と当事者の経験談から日本における児童福祉及び社会的養護からの自立のあるべき姿を模索する。

才村眞理・大阪ライフストーリー研究会 編著
今から学ぼう！ライフストーリーワーク
●施設や里親宅で暮らす子どもたちと行う実践マニュアル
◎1,600円　ISBN978-4-571-42060-3　C3036

社会的養護のもとで暮らす子どもが自分の過去を取り戻すライフストーリーワーク実践の日本版マニュアル。

K.レンチ・L.ネイラー 著／才村眞理・徳永祥子 監訳
施設・里親家庭で暮らす子どもとはじめるクリエイティブなライフストーリーワーク
◎2,200円　ISBN978-4-571-42056-6　C3036

先駆的な英国リーズ市のライフストーリーワーク実践を、初めてでも取り組みやすく解説したワーク集の全訳。

上鹿渡和宏 著
欧州における乳幼児社会的養護の展開
●研究・実践・施策協働の視座から日本の社会的養護への示唆
◎3,800円　ISBN978-4-571-42059-7　C3036

欧州の乳幼児社会的養護における調査・実践・施策の協働の実態から日本の目指す社会的養護を考える。

土井髙德 著
虐待・非行・発達障害　困難を抱える子どもへの理解と対応
●土井ファミリーホームの実践の記録
◎1,800円　ISBN978-4-571-42030-6　C3036

深刻な困難を抱える子どもたちが、新たな関係性の絆を育て、生きる力を取り戻す、感動の支援・実践記録。

土井髙德 著
神様からの贈り物　里親土井ホームの子どもたち
●希望と回復の物語
◎1,600円　ISBN978-4-571-42016-0　C3036

親からの虐待により心に深い傷を負った子どもたちが、里親の下で生きる力を取り戻していく希望と感動の書。

◎価格は本体価格です。